L'année gourmande des enfants pâtissiers

L'année gourmande des enfants pâtissiers

Textes et photos : CEDUS

HERSCHER

Direction de collection :
Brigitte Richon

Nous remercions le CEDUS Centre d'Etudes et de Documentation du
Sucre, pour sa contribution et sa disponibilité, sans lesquelles
cet ouvrage n'aurait pu aboutir.

Conception graphique : Bleu T
Illustrations : Sandrine Gayet

© Édition Herscher, 1998.   ISBN : 2-7335-0285-9

Voilà ce que je revois,
en me penchant ce soir sur mon passé...
Une enfant superstitieusement attachée
aux fêtes des saisons, aux dates
marquées par un cadeau, une fleur,
un traditionnel gâteau...

COLETTE
Les Vrilles de la Vigne.

Sommaire

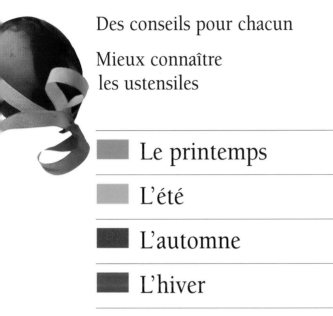

Des conseils pour chacun

Pour la plupart des enfants, la cuisine de la maison, où les aliments subissent des transformations étonnantes et d'où viennent de délicieuses et appétissantes odeurs, est un domaine enchanteur. Ils adorent « mettre la main à la pâte », surtout lorsqu'il s'agit d'élaborer des desserts. Aussi, dès qu'ils sont assez grands pour avoir une bonne vision du plan de travail, pour utiliser un couteau et mettre en route un appareil de cuisson, vous pouvez leur confier la charge de préparer un entremets, un gâteau, une tarte ou diverses friandises simples. Il existe de très nombreuses préparations sucrées que les enfants sauront préparer eux-mêmes.

En toute sécurité

Dès que vous jugez vos enfants assez grands pour leur confier la cuisine, apprenez-leur tout d'abord les règles élémentaires de sécurité. Après leur avoir soigneusement montré la manière de procéder, il est important de vérifier qu'ils savent bien :
– allumer un brûleur ou le four, mettre en marche une plaque de cuisson ou utiliser le four à micro-ondes (pour plus de prudence, si leur taille est insuffisante pour voir ce qui se passe dans les casseroles, mettez à leur disposition un petit tabouret bas et très stable) ;
– disposer les manches des poêles et casseroles vers l'intérieur. Cela pour éviter de se brûler en renversant des récipients remplis de liquides chauds. De plus, ne leur permettez d'utiliser que des ustensiles munis d'une poignée bien isolée ;

– choisir le bon couteau pour éplucher ou découper, et s'en servir sans risque de se blesser ;
– utiliser un ouvre-boîtes, un batteur électrique…
Bien entendu, toutes ces expériences se font en présence d'un adulte.

Hygiène et organisation

Dès le début, vous devez inculquer à vos enfants un minimum de règles d'organisation et d'hygiène, comme :
– commencer systématiquement par se laver les mains, s'attacher les cheveux et mettre un tablier ;
– faire un peu d'ordre sur la table afin de préparer une surface de travail propre ;
– bien lire la recette. Puis réunir, dans l'ordre d'utilisation, les denrées et le matériel nécessaires ;
– utiliser systématiquement une planche à découper, et non pas le dessus de la table ;
– se débarrasser immédiatement des déchets dans la poubelle. Mettre rapidement dans l'évier ou le lave-vaisselle les ustensiles dont ils n'auront plus besoin ;
– penser à remettre rapidement dans le réfrigérateur le beurre, la crème fraîche, et autres denrées périssables.

Les bons gestes

Même si les recettes comportant des tours de main compliqués sont à éviter, vous devrez apprendre à vos enfants un certain nombre de gestes indispensables :
– peser les aliments à l'aide d'une balance, ou les mesurer avec une cuillère ou un verre gradué ;

- casser un œuf et séparer correctement
e blanc du jaune ;
- mélanger des ingrédients et tourner une
préparation, fouetter une crème ou un
fromage blanc, en utilisant à chaque fois
"ustensile adéquat ;
- beurrer un plat, huiler une plaque de
cuisson…

Des desserts très simples, sans cuisson, pour commencer

D'abord sous la surveillance d'un adulte, puis
seuls, les enfants réussissent très vite les :
- **salades de fruits** : à réaliser à l'avance
avec des fruits de saison à faire macérer
au frais avec du sucre et du jus d'orange
ou de citron. Les enfants peuvent les égayer
avec des fruits secs (raisins, noix, petits
dés d'abricots…) ou des fruits confits. Au
moment de servir, ils les répartissent
dans des coupes individuelles et les recouvrent de yaourt battu avec du sucre
vanillé ;
- **coupes de glace** : il leur est facile et amu-
sant d'apprendre à faire des boules cor-
rectes avec une cuillère à glace. Puis de
réaliser de petites compositions décora-
tives autour d'une banane, de quelques
fraises, d'une pêche au sirop… Veillez à
ce que les enfants aient à leur disposition
deux ou trois bacs de glace de parfums
différents, un assortiment de décors pour
desserts (vermicelles de différentes couleurs, chocolat granulé, grains de
mimosa…) et de sympathiques coupes
individuelles peu fragiles ;
- **coupes de fromage blanc** : fouetter le
fromage blanc avec du sucre et de la crème
fraîche et le répartir dans des coupes. Au

choix, ces desserts seront décorés d'une
cuillère de confiture ou de compote, d'un
nuage de cacao, de pralines écrasées, de
petits fruits rouges frais ou surgelés… Si
les enfants savent se servir du mixeur,
ils peuvent enrichir le fromage
blanc de pulpe de fruits
mixée (banane, fraises,
abricots…).

Quelques vrais desserts sans cuisson

Dès que les enfants
deviennent un peu plus
adroits, ils réalisent sans
souci :
- **une charlotte** : il leur suffit de tapisser
un moule à charlotte de biscuits imbibés
(boudoirs ou biscuits à la cuillère) ou de
meringues toutes faites. Puis de remplir
l'intérieur de couches de glace, en les séparant éventuellement avec des petits fruits
rouges, un reste de compote ou des
meringues écrasées ;
- **un gâteau fourré** : avec l'aide d'un adulte,
vos apprentis pâtissiers coupent en deux
une génoise ou un quatre-quarts. Puis, ils
le fourrent de confiture, de fromage blanc
battu ou de chantilly avec des fruits
(fraises, framboises…) ;
- **des oranges givrées** : le plus difficile est
de creuser les oranges pour en extraire la
pulpe sans abîmer l'écorce. La pulpe,
passée à la moulinette, sera mélangée avec
du sucre et du lait concentré, puis mise
à congeler quelques heures dans le bac à
glace. Lorsque le sorbet est pris, les
enfants n'ont plus qu'à remplir les écorces.

Des conseils pour chacun

Avec les pâtes à tarte toutes faites

Nombre de desserts très sympathiques sont à la portée des enfants :

– **des tartes rustiques** : à garnir d'une préparation à base d'œufs fouettés et de crème fraîche liquide ou de lait concentré sucré ;

– **des tartes comme chez le pâtissier** : sous la surveillance d'un adulte, les enfants font d'abord cuire la pâte à blanc. Puis, quand elle est refroidie, juste avant de la déguster, ils la garnissent de fromage blanc fouetté ou de chantilly et la décorent de fraises, framboises, ananas, abricots, frais ou au sirop ;

– **de petits chaussons à garnir** de tranches de pomme ou d'un fruit de saison, de compote de pommes ou d'abricots ;

– **des aumônières amusantes** dans lesquelles se cachent pommes, poires et figues ;

– **des « pies »** : les enfants emplissent un plat à soufflé, ou un moule à manqué, de toutes sortes de fruits avec du sucre et une épice (vanille, cannelle). Puis ils le recouvrent d'un cercle de pâte, et y font une petite cheminée avant de le faire cuire au four.

Autour des crêpes

Même si la cuisson de la pâte est un peu difficile, voilà une préparation que les enfants savent très vite réussir. Pour la confectionner, vous pouvez mettre à leur disposition des pâtes toutes faites ou des préparations sèches à diluer dans de l'eau ou du lait. Lorsque les crêpes sont faites, elles peuvent être la base de desserts faciles à réaliser tels que :

– **gratins de crêpes fourrées** de confiture, de compote ou de chocolat fondu ;

– **gâteaux de crêpes** : les enfants entassent les crêpes en les tartinant au fur et à mesure de confiture, d'une pâte à tartiner ou d'une crème au chocolat.

Une collection de petits gâteaux

Il existe de nombreuses recettes très simples de petits gâteaux. Pour les préparer, les enfants doivent juste mélanger quelques ingrédients de base. Puis répartir, en petit tas, la pâte sur la plaque à pâtisserie huilée et la mettre au four. Collectez plusieurs de ces recettes et faites-les recopier à vos apprentis pâtissiers sur des fiches cartonnées. Quelques exemples :

– **rochers à la noix de coco ou aux amandes** : à partir d'un mélange de blancs d'œufs battus en neige, de sucre et d'amandes en poudre ou de noix de coco râpée ;

– **petits sablés** : à base de beurre, de farine et d'œufs. Les enfants peuvent leur donner toutes sortes de formes, à l'aide d'emporte-pièce ou en utilisant des « patrons » découpés dans du bristol.

- **cookies au chocolat** (ou aux noisettes, plus moelleux) : avec du beurre et de la farine. Et, bien sûr, de délicieuses pépites.

Les desserts en papillote

Ces friandises sont à la fois spectaculaires et faciles à réaliser. Les enfants doivent juste envelopper la préparation dans une papillote d'aluminium et la mettre au four. Après cuisson, la papillote passe directement dans l'assiette. Pour éviter les brûlures, ils demanderont à un adulte de faire le service.

Pensez aussi aux

– **Croque-monsieur sucrés** : les enfants beurrent deux tranches de pain de mie (les faces beurrées seront à l'extérieur). À l'intérieur, ils étalent une couche de confiture ou de compote, ou une tranche d'ananas plus quelques amandes effilées (ou pignons, noisettes, noix, raisins secs) ;
– **fruits farcis** : sur une tranche de brioche ou de pain de mie beurrée, les enfants mettent une pomme (ou une poire) creusée et garnie de confiture ;
– **brochettes de fruits** : les enfants y embrochent des dés de pomme, poire, mangue, banane ou cake, intercalés avec des pruneaux ou des raisins.

Les fruits au four

Toutes sortes de préparations peuvent inspirer les jeunes pâtissiers :
– **pommes ou poires au four** : les enfants creusent les fruits et les dressent sur un plat beurré. Ils peuvent les poser sur une biscotte et les farcir de fruits secs ;

– **tartes sans pâte** : les enfants disposent les fruits dans le fond d'un plat beurré. Puis ils les saupoudrent de sucre, y répartissent quelques noisettes de beurre et mettent au four. Quand les fruits sont dorés, les enfants les nappent de crème fraîche. À servir très chaud.

Les pains perdus

Comme pour les crêpes, les enfants excellent très vite dans leur préparation. Ils doivent juste imbiber les tranches de pain ou de brioche dans un mélange de lait, de sucre et d'œufs battus. Pour éviter une cuisson à la poêle, ils peuvent les faire au four : ils disposent le pain imbibé dans un plat à four beurré.

Les petites friandises

Pour les jours de fête, les anniversaires ou les goûters, pensez aux :
– truffes aux marrons ou aux chocolat ;
– fruits déguisés : pruneaux ou dattes à fourrer d'une petite boule de pâte d'amandes ;
– brochettes de bonbons ;
– roses de sable avec des corn flakes…

Mieux connaître ...

1 Passoire

2 couteau pointu

3 cuillère en bois

4 sorbetière

5 ciseaux pointus

12 saladier

13 pinceau

6 chinois

7 batteur

8 louche
   à punch

9 caissette
   en papier

10 rouleau
   à pâtisserie

11 râpe

... les ustensiles

14 cornet en papier

15 bol mixeur

Mieux connaître ...

16 spatule

17 batteur électrique

18 moule à cake

19 fouet

20 moule à baba

... les ustensiles

21 poêle

22 papier sulfurisé

23 moule à faisselle

24 poche à douille

25 fouet électrique

26 cuillère à glace

27 couteau à pain

28 terrine

29 mousseline

30 plaque du four

31 casserole épaisse

32 moule à manqué

Hansel et Gretel suivirent l'oiseau jusqu'à une petite maison sur le toit de laquelle il se posa, et, en approchant, ils remarquèrent que cette maisonnette était bâtie en pain et couverte de gâteaux, tandis que les fenêtres étaient de sucre transparent.

« Voici ce qu'il nous faut », dit Hansel, « et nous allons faire un bon repas. Je vais manger un morceau du toit, Gretel; toi mange la fenêtre, c'est doux. »

Hansel grimpa et cassa un morceau du toit, pour découvrir quel goût cela avait, pendant que Gretel se mit à lécher les carreaux. Tout à coup une voix douce cria de l'intérieur :

« Liche, lâche, lèchette ! Qui lèche ma maisonnette ? »

Et les enfants répondirent :

« C'est le vent qui lèche ainsi; c'est l'enfant du paradis. »

Hansel et Gretel,
Conte des Frères Grimm.

le printemps

le Printemps

Mars

1	2	3	4	5	6	7
8	9	10	11	12	13	14
15	16	17	18	15	20	**21**
22	23	24	25	26	27	28
29	30	31				

Mes invités

. . . .
. . . .
. . . .
. . . .
. . . .
. . . .

Les courses à faire

1. . . . .
2. . . . .
3. . . . .
4. . . . .
5. . . . .
6. . . . .
7. . . . .
. . . .

La saison des fleurs

Au printemps, tout pousse et tout fleurit. Les bébés animaux font leurs premiers pas et cela peut devenir un mot de tendresse : petit canard en sucre, petit poussin en chocolat...

PRÉPARATION : 20 min

Ingrédients pour 4 grands verres

Milk orangeade

- 2 tasses de lait
- 2 tasses d'eau froide
- 8 cuillerées à soupe de sucre en poudre
- 2 tasses de jus d'orange
- Glaçons

1. Battre au mixeur le lait, l'eau et le sucre afin de rendre le mélange mousseux . Ajouter le jus d'orange. Battre à nouveau.

2. Servir avec des glaçons.

Cocktails multicolores

Cocktail sirop

- 4 verres de lait
- 8 cuillerées à soupe de sirop de groseilles ou framboises

1. Dans un mixeur, mettre le lait et le sirop. Mixer pour obtenir un mélange mousseux.

2. Servir très frais.

Cocktail caramel

- Jus d'une orange
- 1 yaourt au caramel
- 2 tasses de lait
- 1 banane en morceaux
- 2 cuillerées à soupe de sucre

1. Dans un mixeur, mettre le jus d'orange, le yaourt, le lait, la banane et le sucre. Mixer pour obtenir un mélange mousseux.

2. Servir très frais.

Cocktail fraises

- 4 tasses de lait
- 4 tasses de fraises
- 12 cuillerées à soupe de sucre en poudre

1. Dans un mixeur, mettre le lait, les fraises lavées et équeutées, et le sucre. Mixer pour obtenir un mélange mousseux.

2. Servir très frais.

Cocktail menthe

- 3 verres de lait
- 1 verre de jus de pomme
- 4 cuillerées à soupe de sucre en poudre
- 10 feuilles de menthe

1. Dans un mixeur, mettre le lait, le jus de pomme, le sucre et les feuilles de menthe. Mixer pour obtenir un mélange lisse. Mettre au réfrigérateur.

2. Servir frais.

1ᵉʳ avril

Avril

1	2	3	4	5	6	7
8	9	10	11	12	13	14
15	16	17	18	15	20	21
22	23	24	25	26	27	28
29	30					

Mes invités

....
....
....
....
....
....

Les courses à faire

1. ....
2. ....
3. ....
4. ....
5. ....
6. ....
7. ....
....

Un peu d'histoire

Jusqu'en l'an 1564, l'année commençait le 1ᵉʳ avril. Est-ce un poisson d'avril ? Non, c'est vrai. Accrocher discrètement un poisson d'avril dans le dos d'un copain, mais attention à ne pas se faire piéger…

PRÉPARATION : 1 heure
(à faire la veille)
CUISSON :   12 à 15 min
(four : thermostat 6 - 220 °C)

Ingrédients
pour 10 à 12 enfants

Gâteau au chocolat
- 80 g de chocolat
- 30 g de beurre
- 3 œufs
- 150 g de sucre
- 180 g de farine
- 2 sachets de levure

Crème
- 100 g de chocolat
- 2 jaunes d'œufs
- 30 g de beurre
- 1 cuillerée à soupe de farine
- 1 verre de lait
- 1 cuillerée à soupe de sucre en poudre

Poisson d'avril

Décoration

Sucre glace
- Cerises confites
  rouges et vertes
- Angélique
- Melon confit
- Bananes séchées
- Smarties
- Boules argentées

2 moules à manqué
  de 24 cm de diamètre
Papier sulfurisé

1. Préchauffer le four ⚠.

Préparer le gâteau
2. Faire fondre au bain-marie ou au micro-ondes le chocolat cassé en morceaux et le beurre. Laisser tiédir la crème obtenue.

3. Dans une terrine, battre les œufs entiers et le sucre au batteur électrique jusqu'à ce que le mélange blanchisse. Ajouter le mélange au chocolat, la farine et la levure.

4. Beurrer les moules ; les garnir de papier sulfurisé beurré. Répartir la pâte. Bien lisser la surface. Faire cuire chaque gâteau au four ⚠. La pâte cuite doit être moelleuse. Démouler chaud (à défaut de deux moules, répéter l'opération deux fois).

Préparer la crème
5. Faire fondre le chocolat au bain-marie, ajouter le beurre et 1 jaune d'œuf. Mélanger pour obtenir une pâte lisse.

6. Dans une terrine, fouetter l'autre jaune d'œuf et le sucre jusqu'à ce que le mélange blanchisse. Ajouter la farine, le lait bouillant en continuant à remuer. Sans cesser de remuer, remettre dans la casserole sur feu doux ⚠ jusqu'au premier bouillon. Laisser un peu refroidir et ajouter le mélange au chocolat.

Montage du poisson
7. Sur un plat rond, poser un gâteau, étaler la crème, poser le deuxième gâteau. Saupoudrer le poisson de sucre glace. Décorer en s'inspirant de la photo.

la Fête des Rameaux

Avril

1	2	3	4	5	6	7
8	9	10	11	12	13	14
15	16	17	18	15	20	21
22	23	24	25	26	27	28
29	30					

Entoure la date du dimanche des Rameaux.

Mes invités

....
....
....
....
....
....

Un peu d'histoire

Le dimanche des Rameaux, les chrétiens commémorent l'accueil triomphal fait à Jésus lors de son entrée à Jérusalem. À son passage, tous les disciples agitent des palmes. La tradition des rameaux est restée vivace bien que les palmes soient remplacées par du buis ou en olivier.

PRÉPARATION : 15 min
DÉCOUPAGE : 1 heure

Les courses à faire

1. ....
2. ....
3. ....
4. ....
5. ....
6. ....
7. ....

Les petits lapins

Ingrédients
pour 6 lapins

- 6 œufs
- 24 biscuits de Reims roses
- 125 g de beurre
- 100 g de sucre en poudre
- 2 jaunes d'œufs
- 4 cuillerées à soupe de lait
- 1 cuillerée à café de vanille liquide

*Poche à douille de 1 cm
Papier Canson vert, bleu, rose, orange, blanc*

1. Évider les coquilles d'œufs.
Avec des petits ciseaux pointus, découper délicatement du côté arrondi de l'œuf, une rondelle de 2 centimètres de diamètre environ. Secouer l'œuf au-dessus d'un bol, le blanc s'écoule en premier, puis le jaune. Les conserver pour faire une omelette. Laver les coquilles vides. Laisser sécher.

Préparation pour remplir les œufs
2. Casser les biscuits roses en morceaux. Les mettre dans un sac en plastique neuf et, avec un rouleau à pâtisserie, les réduire en poudre.

3. Travailler le beurre, préalablement ramolli, dans une terrine, à l'aide d'une cuillère en bois, pour le rendre très crémeux. Ajouter le sucre et bien remuer. Incorporer les jaunes d'œufs, le lait et la vanille.

4. Verser la poudre de biscuits et tourner pour l'incorporer à la crème.

5. Mettre cette préparation dans une poche munie d'une douille de 1 centimètre. Remplir les coquilles vides et mettre au frais.

Décoration des lapins
6. Dans du papier Canson, découper les oreilles, les yeux, le nez, les moustaches, les dents et le socle. Assembler le tout, en s'inspirant de la photo, avec une pointe de colle.

la Fête de Pâques

Avril

1	2	3	4	5	6	7
8	9	10	11	12	13	14
15	16	17	18	15	20	21
22	23	24	25	26	27	28
29	30					

*Entoure
le jour
de Pâques
cette
année.*

Mes invités

....
....
....
....
....
....

Les courses à faire

1. ....
2. ....
3. ....
4. ....
5. ....
6. ....
7. ....
....

Joyeuses Pâques !

Tandis que les cloches carillonnent joyeusement en partant pour Rome, les petits gourmands explorent le jardin à la recherche des œufs, des poules et des lapins en chocolat qu'elles ont déposés pour eux.

PRÉPARATION : 45 min
(à faire 2 heures
à l'avance)

Préparer de la mousse

1. Casser le chocolat en petits morceaux. Faire fondre le chocolat au bain-marie.

2. Dans deux saladiers, casser les œufs en séparant les blancs des jaunes.

3. Travailler le beurre, préalablement ramolli, avec une cuillère en bois pour le rendre crémeux. Ajouter le sucre glace et bien travailler le mélange avec un fouet pour qu'il blanchisse. Ajouter alors les jaunes d'œufs, toujours en travaillant

Œufs en coquetiers

Ingrédients
pour 6 œufs

- 12 demi-coquilles en chocolat (noir ou au lait) de 75 mm

Mousse au chocolat

- 150 g de chocolat riche en cacao
- 2 œufs
- 75 g de beurre
- 50 g de sucre glace
- 1 cuillerée à café de vanille liquide

6 coquetiers

bien, puis la vanille. Incorporer à ce mélange le chocolat refroidi.

4. Battre en neige les blancs d'œufs, puis les ajouter au mélange en remuant délicatement. Mettre cette préparation 15 minutes au réfrigérateur pour la rendre plus ferme.

Remplir les œufs
5. Répartir cette crème, non coulante, dans les demi-coquilles, en égalisant la surface avec la lame d'un couteau. Pour les manipulations de coquilles d'œufs en chocolat, il est prudent

de mettre des gants en vinyle, comme les confiseurs. Reformer les œufs en plaçant vis-à-vis 2 demi-coquilles. Poser sur les coquetiers, puis mettre au frais jusqu'au moment de servir.

☝ Un petit plus

Cette recette est proposée avec des œufs en chocolat, mais on peut également la réaliser avec des œufs en nougat.

la Pâque russe

Avril

1	2	3	4	5	6	7
8	9	10	11	12	13	14
15	16	17	18	15	20	21
22	23	24	25	26	27	28
29	30					

Mes invités

....
....
....
....
....
....

Les courses à faire

1. ....
2. ....
3. ....
4. ....
5. ....
6. ....
7. ....
....

Le retour des beaux jours

Des œufs joliment peints selon la tradition russe, des œufs en sucre décorés et des milliers de bougies qui éclairent les visages joyeux des enfants émerveillés.

PRÉPARATION : 30 min
CUISSON : 15 min
(four : thermostat 5 – 200 °C)

Ingrédients pour 24 sablés
- 280 g de farine
- 1 cuillerée à café de levure chimique
- 2 cuillerées à café rases de cannelle
- 100 g de sucre roux en poudre
- 75 g de beurre
- 1 œuf
- 3 cuillerées à soupe de sirop d'érable

Glaçage
- 100 g de sucre glace
- 2 cuillerées à soupe d'eau chaude
- 25 g de cacao

Décor
- Bonbons multicolores (Smarties)
- Vermicelles multicolores

1 forme de cocotte réalisée dans du Canson épais ou du carton
1 forme de cloche réalisée dans du Canson épais ou du carton

Sablés cocottes et sablés cloches

1. Préchauffer le four ⚠.

Préparer la pâte des sablés

2. Tamiser la farine, la levure et la cannelle dans un saladier, puis ajouter le sucre, et le beurre en petits morceaux. Travailler le tout du bout des doigts.

3. Casser l'œuf dans un bol, le battre avec une fourchette. Verser le sirop d'érable et le fouetter jusqu'à ce que ce soit bien lisse.

4. Faire un puits dans le premier mélange, ajouter l'œuf et le sirop battus. Bien pétrir pour obtenir une boule de pâte. Mettre cette pâte dans un sac en plastique et laisser reposer une 1/2 heure au réfrigérateur pour l'étaler plus facilement.

Cuire les sablés

5. Saupoudrer de farine la table et le rouleau à pâtisserie puis étaler la pâte sur 1/2 centimètre d'épaisseur.

6. Poser les formes sur la pâte et découper avec un petit couteau pointu pour former 12 cocottes et 12 cloches. À l'aide d'une spatule, disposer les sablés sur la plaque du four

légèrement beurrée. Les espacer un peu car ils gonflent à la cuisson. Faire deux fournées si nécessaire. Mettre la plaque en haut du four ⚠ pendant 15 minutes. Quand les sablés sont brun doré, ils sont cuits. Les déposer ensuite sur une grille. Ils durciront en refroidissant.

Préparer le glaçage

7. Verser le sucre dans un bol, ajouter l'eau chaude petit à petit et mélanger avec une cuillère en bois pour obtenir une pâte bien lisse. Ajouter le cacao en le tamisant avec une passoire. Bien mélanger.

Décoration

8. Étaler une cuillerée à café du glaçage sur chaque sablé. Égaliser au couteau, puis décorer les cocottes avec les vermicelles multicolores, et les cloches avec les bonbons.

la Fête du Travail

Mai

1	2	3	4	5	6	7
8	9	10	11	12	13	14
15	16	17	18	15	20	21
22	23	24	25	26	27	28
29	30	31				

Mes invités

....
....
....
....
....
....

Un peu d'histoire

Dans l'ancien temps, pendant la nuit du 30 avril on plant0ait le « mai », un arbre qui était décoré de guirlandes et autour duquel chacun dansait pour s'assurer les bienfaits de la nature. Aujourd'hui, on fête le travail… en ne travaillant pas. Chacun offre un brin de muguet comme gage de bonheur.

Réunir les ingrédients et préparer les tartines avant de les déguster.

Les tartines rôties
(à passer au four 2 à 3 minutes juste sous le gril)

- Pain de campagne + beurre + cassonade

- Pain de campagne + beurre + copeaux de chocolat

- Pain de campagne + beurre + rondelles de banane légèrement citronnées + sucre vanillé

- Pain de campagne + beurre + amandes effilées poudrées de sucre vanillé

Les courses a faire

1. ....
2. ....
3. ....
4. ....
5. ....
6. ....
7. ....
....

Un festival de tartines

- Pain + beurre + sucre vanillé
- Pain + beurre + chocolat râpé
- Pain + confiture de fraises + quelques amandes effilées
- Pain + confiture d'abricots + quelques amandes mondées
- Pain + confiture de prunes + quelques cerneaux de noix
- Pain + confiture de myrtilles + quelques pignons de pin
- Pain + beurre + lamelles d'emmenthal ou de comté + confiture d'oranges
- Pain + beurre + noix de coco râpée mêlée de sucre vanillé
- Pain de campagne + beurre + raisins secs
- Pain + beurre + céréales sucrées émiettées
- Pain + beurre + noisettes concassées
- Pain de campagne + beurre + pâtes de fruits coupées en lamelles

Les tartines grillées

▶ Pain grillé + gelée de groseilles + noix de coco râpée

▶ Pain grillé + beurre + cacao sucré

▶ Pain brioché grillé + confiture

▶ Pain grillé + beurre + grains de raisin coupés en 2, saupoudrés de sucre vanillé

▶ Pain grillé + beurre + dattes hachées

▶ Pain de mie grillé + petit suisse malaxé avec 1 cuillerée à café de crème de marrons vanillée

▶ Pain de mie grillé + petit suisse malaxé avec 1 cuillerée à café de crème de pruneaux

▶ Pain brioché grillé + lemon curd (pâte de citron) + amandes effilées

29

la Communion

Mai

1	2	3	4	5	6	7
8	9	10	11	12	13	14
15	16	17	18	15	20	21
22	23	24	25	26	27	28
29	30	31				

Entoure le jour de la communion à laquelle tu seras présent.

Mes invités

. . . .
. . . .
. . . .
. . . .
. . . .
. . . .

Les courses à faire

1. . . . .
2. . . . .
3. . . . .
4. . . . .
5. . . . .
6. . . . .
7. . . . .
. . . .

En aube blanche

C'est un jour important, plein de recueillement et de solennité. Toute la famille est venue entendre la profession de foi du communiant. La tradition veut que chaque invité reçoive en cadeau un cornet de dragées.

PRÉPARATION : 30 min
RÉFRIGÉRATION : 24 heures
(2 fois 12 heures)

Ingrédients
pour 4 personnes

- 4 petits-suisses de 60 g chacun
- 500 g de fromage blanc en faisselle
- 2 cuillerées à soupe de gelée de groseilles
- 80 g de sucre glace
- 1 sachet de sucre vanillé
- 125 g de fraises (garriguettes)
- Quelques feuilles de menthe fraîche

4 petites faisselles en forme de cœur en porcelaine blanche ou en aluminium
Mousseline

Trèfle à quatre cœurs

Préparer le fromage

1. Mettre les petits-suisses et le fromage blanc dans une passoire doublée d'une mousseline. Placer sur un plat creux et mettre le tout au réfrigérateur pendant 2 heures afin de laisser goutter.

2. Au bout de ce temps, mettre dans un saladier les fromages égouttés. Ajouter la gelée de groseilles, puis le sucre glace et le sucre vanillé. Travailler au batteur électrique pour rendre la préparation bien lisse.

Préparer les trèfles

3. Humidifier quatre petits carrés de mousseline et en chemiser les faisselles. Répartir la préparation, tasser et bien lisser la surface. Placer les faisselles sur un plat et les laisser s'égoutter pendant 12 heures au réfrigérateur.

Avant de servir

4. Puis, laver et équeuter soigneusement les fraises. En couper quatre en lamelles.

5. Démouler les faisselles sur un plat en les réunissant par la pointe de manière à former un trèfle. Décorer chaque cœur avec des lamelles de fraise. Disposer les fraises entières tout autour du trèfle. Terminer la décoration avec quelques feuilles de menthe.

Servir frais.

la Fête des Mères

Mai

1	2	3	4	5	6	7
8	9	10	11	12	13	14
15	16	17	18	15	20	21
22	23	24	25	26	27	28
29	30	31				

Entoure le jour de la fête des Mères.

Mes invités

....
....
....
....
....
....

Les courses à faire

1. ....
2. ....
3. ....
4. ....
5. ....
6. ....
7. ....
....

Un jour important

Maman est la plus belle du monde. Que lui offrir ? Un gâteau spécialement confectionné pour elle, et qui lui ressemble…

PRÉPARATION : 1 heure
FOUR : 30 min
(four : thermostat 4-5 - 190 °C)

Ingrédients
pour 6 enfants

Gâteau
- 3 œufs
- 125 g de sucre en poudre
- 50 g de beurre fondu
- 6 cuillerées à soupe de lait
- 175 g de farine
- 1 paquet de levure chimique
- Zeste d'une orange

Garniture
- 1 orange
- 6 petits-suisses
- 4 cuillerées à soupe de noix de coco râpée
- 50 g de sucre en poudre

Décoration
- 4 cuillerées à soupe de noix de coco râpée

Noémie

- 2 calissons
- 2 violettes en sucre
- 2 rouleaux de réglisse
- 6 petites meringues
- 10 sablés
- 1 biscuit à la cuillère
- Bonbons fantaisie
  de couleurs

Moule à manqué

1. Préchauffer le four ⚠.

Préparer le gâteau
2. Beurrer le moule soigneusement. Déposer une petite cuillerée de farine et agiter en tous sens pour chemiser le moule. Faire tomber l'excédent de farine.

3. Séparer les blancs des jaunes d'œufs. Fouetter avec un batteur électrique les jaunes et le sucre. Lorsque le mélange est onctueux et a doublé de volume, ajouter le beurre fondu, le lait, puis la farine mélangée avec la levure.

4. Battre les blancs d'œufs en neige. Les incorporer à la pâte avec légèreté. Parfumer avec un peu de zeste râpé d'une orange.

5. Verser dans le moule. Faire cuire au four ⚠. Vérifier la cuisson, démouler et laisser refroidir sur une grille.

Garnir le gâteau
6 Lorsque le gâteau est froid, couper deux tranches en épaisseur. Déposer l'une d'elles sur un plat de service. Avec un pinceau, imbiber cette partie avec du jus d'orange.

7. Dans un saladier, mélanger les petits-suisses avec la noix de coco et le sucre. Étaler la moitié sur la tranche de gâteau posée sur le plat. Recouvrir avec la deuxième tranche de gâteau ; l'imbiber avec le reste du jus d'orange et la napper avec le reste de crème.

Avant de servir
8. Pour décorer le gâteau, saupoudrer de noix de coco. Décorer avec les calissons, les bonbons, les violettes, les rouleaux de réglisse coupés, les gâteaux, les meringues, en vous inspirant de la photo.

33

l'Anniversaire de...

Mai

1	2	3	4	5	6	7
8	9	10	11	12	13	14
15	16	17	18	15	20	21
22	23	24	25	26	27	28
29	30	31				

Entoure le jour de l'anniversaire à célébrer.

Mes invités

....
....
....
....
....
....

Les courses à faire

1. ....
2. ....
3. ....
4. ....
5. ....
6. ....
7. ....
....

PRÉPARATION : 20 min
CUISSON :   30 min

Ingrédients pour 6 copains

- 1/2 litre de lait
- 130 g de semoule de blé fine
- 130 g de sucre en poudre
- 1 sachet de sucre vanillé
- 50 g de poudre d'amandes
- 1 œuf

Coulis de fraises

- 250 g de fraises (ou framboises)
- 100 g de sucre en poudre

Garniture de fruits

- Fruits variés (couleur et forme), en fonction de la saison :
- fraises, framboises, mûres
- 1 petit bol de groseilles, cassis, airelles ou myrtilles...
- quelques cerises noires ou des grains de raisin noir...
- 1 pomme verte, 1 ou 2 kiwis, 2 abricots ou pêches-abricots, 2 bananes, 2 oranges,
- Feuilles de menthe
- 1 citron

6 ramequins ou bols chinois

Les petits copains

Préparer à l'avance
1. Remplir d'eau les petits moules, les vider sans les essuyer. Les mettre au réfrigérateur.

Préparer la semoule
2. Faire bouillir le lait
⚠. À ébullition, verser la semoule en pluie. Remuer. Régler le feu pour maintenir une ébullition douce et remuer sans arrêt sur le feu, pendant 10 minutes : le mélange devient très épais.

3. Retirer du feu, ajouter le sucre, le sucre vanillé, le jaune d'œuf separé du blanc. Bien mélanger.

4. Battre en neige le blanc d'œuf et l'incorporer délicatement à la semoule encore très chaude.

5. Répartir dans les moules, laisser refroidir et mettre au réfrigérateur.

Préparer le coulis de fraises
6. Laver les fraises, les équeuter et les couper en morceaux. Les mettre dans le bol du mixeur avec le sucre et mixer quelques secondes.

Préparer la garniture de fruits
7. Sans les abîmer, laver, sécher et répartir les fruits, par catégorie, dans des petites soucoupes. Laisser entiers les petits fruits (baies, fraises, framboises...). Couper en deux et dénoyauter pêches, abricots... Couper les bananes en rondelles et les arroser de jus de citron. Couper les pommes en tranches, les arroser de citron. Séparer les quartiers d'oranges...

Avant de servir
8. Démouler chaque moule au centre d'une grande assiette plate et créer un visage avec les fruits *(voir la photo)*.

9. Lorsque le visage est terminé, remplir les vides de l'assiette avec quelques cuillerées de coulis.

Servir le reste du coulis dans un petit saladier.

la Fête des Pères

Juin

1	2	3	4	5	6	7
8	9	10	11	12	13	14
15	16	17	18	15	20	21
22	23	24	25	26	27	28
29	30					

*Entoure
le jour
de la fête
des pères.*

Mes invités

. . . .
. . . .
. . . .
. . . .
. . . .
. . . .

Bonnes résolutions

Petit Papa, c'est aujourd'hui ta fête. Je te promets d'être sage, de bien travailler, de me coucher tôt tous les soirs et de manger de tout, surtout des gâteaux et des bonbons.

PRÉPARATION : 30 min
CUISSON :   45 à 50 min
(four : thermostat 5 - 200 °C)

Ingrédients
pour 8 enfants

- 4 œufs
- 250 g de sucre en poudre
- 200 g de poudre d'amandes
- 2 citrons non traités
- 40 g de beurre pour le moule et le papier sulfurisé

Glaçage
- 80 g de sucre glace
- 1 citron

Décor
- 1 morceau d'angélique confite
- Écorce d'1 citron
- 1/2 cerise confite
- 2 gousses de vanille

Moule à manqué
Papier sulfurisé

Les courses à faire

1. . . . .
2. . . . .
3. . . . .
4. . . . .
5. . . . .
6. . . . .
7. . . . .
. . . .

Gâteau à moustaches

1. Préchauffer le four .

Préparer le gâteau
2. Casser les œufs en séparant les blancs des jaunes. Travailler avec un batteur électrique les jaunes et le sucre en poudre jusqu'à ce que le mélange blanchisse. Ajouter alors la poudre d'amandes, puis le zeste finement râpé d'un citron préalablement lavé, le jus de deux citrons, et enfin les blancs d'œufs montés en neige.

3. Beurrer un moule à manqué et le tapisser de papier sulfurisé également beurré (ce qui facilite le démoulage). Verser la pâte.

4. Enfourner à mi-hauteur . Vérifier la cuisson avec la lame d'un couteau qui doit ressortir bien sèche. Démouler au sortir du four et laisser refroidir complètement.

Réaliser le glaçage
5. Délayer le sucre glace avec le jus du citron jusqu'à l'obtention d'une pâte homogène et brillante, légèrement coulante. La verser au centre du gâteau et l'étaler rapidement à la spatule pour le recouvrir entièrement.

Décorer le gâteau
6. Sans attendre, disposer l'angélique taillée en triangles pour former les yeux, deux morceaux d'écorce de citron pour les sourcils, une demi-cerise confite à la place du museau, et des gousses de vanille coupées en quatre dans la longueur en guise de moustaches. Laisser sécher avant de servir.

« Héraut, lisez l'acte d'accusation ! »
s'écria le Roi.
Sur ce le Lapin Blanc souffla très fort,
trois fois de suite, dans sa trompette,
puis il déroula le parchemin et lut
les vers ci-après :

« Notre **Reine** de Cœur,
elle avait fait des **tartes**,
Tout au long d'un beau jour d'été ;
Mais le Valet de Cœur a dérobé
ces **tartes**
Et les a toutes emportées ! »

*Les Aventures d'Alice
au pays des merveilles,*
Lewis Carroll.

l'été

l'Été

Juin

1	2	3	4	5	6	7
8	9	10	11	12	13	14
15	16	17	18	19	20	**21**
22	23	24	25	26	27	28
29	30					

Mes invités

....
....
....
....
....
....

Les courses à faire

1. ....
2. ....
3. ....
4. ....
5. ....
6. ....
7. ....
....

Vive les vacances !

L'été est une saison que tous les enfants adorent parce qu'ils sont en vacances. Courir dans la campagne, pêcher dans les rivières, nager dans la mer, rouler à bicyclette et récupérer des forces en dévorant un délicieux goûter à belles dents.

Préparation : 30 min
Cuisson :   5 min
Réfrigération : 2 heures

Mascarade en blanc

**Ingrédients
pour 4 enfants**

- 20 cl de crème fraîche liquide
- 500 g de fruits de saison (pêches, abricots, prunes, cerises)
- 50 g de beurre
- 100 g de sucre en poudre
- 1 bonne pincée de cannelle en poudre
- 2 cuillerées à soupe de sucre glace
- 1 yaourt nature

4 petites coupes transparentes

1. Mettre la crème fraîche dans un petit saladier et le placer au réfrigérateur.

Préparer les fruits
2. Peler les pêches, laver les abricots, les prunes et les cerises. Dénoyauter tous les fruits et les couper en petits dés d'environ 2 centimètres.

3. Dans une poêle ⚠, mettre le beurre et faire rapidement revenir les morceaux de fruits. Ne pas leur laisser le temps de cuire, ni de s'écraser en compote.

4. Hors du feu, saupoudrer avec le sucre en poudre et la cannelle. Bien mélanger, puis laisser refroidir.

Préparer la crème chantilly
5. Sortir le saladier du réfrigérateur et, à l'aide d'un fouet, battre la crème en chantilly. Quand elle commence à être ferme, incorporer peu à peu le sucre glace.

Terminer la crème
6. Dans un autre saladier, mélanger les fruits et le yaourt. Puis ajouter délicatement la crème Chantilly. Répartir la crème dans quatre petites coupes transparentes.

7. Pour que la préparation raffermisse, mettre les coupes pendant 2 heures au réfrigérateur avant de servir.

les Feux de la Saint-Jean

Juin

1	2	3	4	5	6	7
8	9	10	11	12	13	14
15	16	17	18	15	20	21
22	2	24	5	26	27	28
29	30					

Mes invités

....
....
....
....
....
....

Les courses à faire

1. ....
2. ....
3. ....
4. ....
5. ....
6. ....
7. ....
....

Les coutumes

Qu'ils sont gais les feux de la Saint-Jean ! À la nuit tombée, les parents allument de grands feux et tout le monde danse autour en chantant et en tapant des mains. Les plus audacieux sautent par-dessus le brasier. Les amoureux jettent une pièce dans le feu pour se porter bonheur.

PRÉPARATION : 45 min
MACÉRATION : 1 heure
CONGÉLATION : 3 à 4 heures
RÉFRIGÉRATION : 1 heure

✋ Un petit plus

Pour réaliser les gâteaux secs, prendre la recette des sablés de la page 62 et découper la pâte en carré avant la cuisson.

Glace à la cerise et au yaourt

Ingrédients pour 1 litre de glace

- 500 g de cerises rouges dénoyautées + quelques-unes pour le décor
- 100 g de sucre en poudre
- 3 pots de yaourt nature
- 2 blancs d'œufs
- 2 cuillerées à soupe de sucre glace
- Quelques feuilles de menthe

Sorbetière

Préparer les fruits

1. Laver, équeuter et dénoyauter les cerises. Les mettre dans un saladier avec le sucre en poudre. Mélanger délicatement et laisser macérer 1 heure.

Préparer la glace

2. Puis, passer les cerises et leur jus au mixeur. Réduire en purée. Mélanger la purée de cerises avec le yaourt.

3. Monter les blancs d'œufs en neige ferme. En continuant à fouetter, ajouter le sucre glace. Incorporer le tout à la préparation aux cerises.

4. Verser dans la sorbetière. Pour faire prendre la glace (*se référer aux instructions du mode d'emploi*). Cela nécessite environ 3 à 4 heures. 1 heure avant de servir, placer la glace au réfrigérateur.

Avant de servir

5. Former des boules de glace avec une cuillère à glace, les disposer sur des petites assiettes et décorer avec quelques cerises et des feuilles de menthe. Accompagner de gâteaux secs.

43

la Fête des îles

Juillet

1	2	3	4	5	6	7
8	9	10	11	12	13	14
15	16	17	18	15	20	21
22	23	24	25	26	27	28
29	30	31				

Entoure le jour où tu veux organiser ta fête.

Mes invités

....
....
....
....
....
....

Les courses à faire

1. ....
2. ....
3. ....
4. ....
5. ....
6. ....
7. ....

Vanille et noix de coco

Tous les fruits tropicaux sont invités : ananas, papaye, mangue, kiwi ou pastèque, à bien agiter en boissons désaltérantes sur un rythme de macarena. On peut se déguiser en pirates.

PRÉPARATION : 10 min
MACÉRATION : 30 min

Ingrédients pour 8 enfants

- 40 cl de jus d'orange
- 40 cl de jus de pamplemousse
- 40 cl de jus d'ananas
- 40 cl de nectar de pêche
- 1 citron non traité
- 2 pêches
- 2 nectarines
- 100 g de framboises
- 125 g de sucre en poudre
- Quelques feuilles de menthe fraîche

Décoration de fruits

- 2 pêches
- Quelques feuilles de menthe fraîche

8 pics de bois

Le punch des pirates

À faire la veille
1. Si possible, placer toutes les boissons au réfrigérateur pour qu'elles soient bien fraîches.

Préparer les fruits
2. Laver le citron en le brossant. Prélever son zeste en faisant un long ruban et en veillant à ne pas trop mordre sur la partie blanche. Extraire le jus du citron en le pressant.

3. Peler les pêches, les dénoyauter et les couper en tout petits dés. Laver les nectarines, les dénoyauter et les couper également en dés minuscules. Trier les framboises.

4. Mettre tous ces fruits dans un grand saladier. Ajouter le sucre, le jus, le zeste du citron et quelques feuilles de menthe. Laisser macérer au réfrigérateur jusqu'à ce que le sucre soit complètement dissous.

Préparer le punch
5. Au bout de ce temps, retirer le zeste et la menthe, et placer le bol sur des glaçons.

6. Arroser les fruits avec le jus d'orange, le jus de pamplemousse, le jus d'ananas et le nectar de pêche. Mélanger très délicatement. Conserver au frais.

Préparer les fruits de décoration
7. Laver deux pêches. Les dénoyauter et les découper en fines tranches.

Avant de servir
8. Verser une grande louche de punch dans huit verres en veillant à bien répartir les fruits.

9. Décorer chaque verre avec les tranches de pêches alternées avec des feuilles de menthe enfilées sur un petit pic de bois.
À consommer bien frais.

le 14 Juillet

Juillet

1	2	3	4	5	6	7
8	9	10	11	12	1	**14**
15	16	17	18	15	20	21
22	23	24	25	26	27	28
29	30	31				

Mes invités

....
....
....
....
....
....

Fête nationale

Sonnez fanfares ! Éclatez pétards et feux d'artifice ! C'est le 14 Juillet ! Comme tous les ans depuis un siècle, on commémore la prise de la Bastille. Le matin, il faut aller voir le défilé militaire et, le soir, si les parents le permettent, faire quelques tours de piste au bal populaire du quartier tout illuminé de lampions tricolores.

PRÉPARATION : 15 min
RÉFRIGÉRATION : 1 heure

Les courses à faire

1. ....
2. ....
3. ....
4. ....
5. ....
6. ....
7. ....
....

Milk-shake yaourt-groseilles

**Ingrédients
pour 4 enfants**

250 g de groseilles rouges
et 4 petites grappes pour
la décoration
50 g de sucre en poudre
1 jaune d'œuf
2 sachets de sucre vanillé
1 yaourt nature
3/4 de litre de lait frais

ol mixeur

1. Mettre le lait au
réfrigérateur au moins
1 heure pour qu'il soit
glacé.

Préparer les fruits
2. Laver les groseilles et
les égrener.

3. Les broyer au mixeur
avec le sucre en poudre.
Pour avoir suffisamment
de liquide, ajouter un
verre de lait dans le bol
du mixeur. Puis, pour
éliminer les pépins, filtrer
le lait groseillé à travers
un chinois et le recueillir
dans un saladier.
Préparer le milk-shake.

4. Battre avec un fouet
le jaune d'œuf avec le
sucre vanillé, puis avec
le yaourt.

5. Verser cette
préparation dans le bol
du mixeur et ajouter le lait
groseillé.
Mélanger, puis incorporer
le reste de lait peu à peu,
en actionnant le robot
par à-coups afin que
la préparation devienne
bien mousseuse.

6. Servir frais dans des
grands verres avec des
pailles. Décorer chaque
verre d'une petite grappe
de groseilles.

Pique-nique à la mer

Juillet

1	2	3	4	5	6	7
8	9	10	11	12	13	14
15	16	17	18	15	20	21
22	23	24	25	26	27	28
29	30	31				

Entoure le jour où tu veux organiser ton pique-nique.

Mes invités

....
....
....
....
....
....

Les courses à faire

1. ....
2. ....
3. ....
4. ....
5. ....
6. ....
7. ....
....

PRÉPARATION : 1 heure

BISCUIT : CUISSON : 15 min
(four : thermostat 6 - 220 °C)
SABLÉ : CUISSON : 20 min
(four : thermostat 5-6 - 210 °C

Ingrédients pour 8 enfants

Biscuit
- 4 œufs
- 125 g de sucre en poudre
- 100 g de farine
- 50 g de beurre
- 1/2 cuillerée à café de levure chimique

Sablé
(voir recette p.62)

Décor
- 100 g de pâte d'amandes
- Colorants vert, jaune, rouge, bleu
- 150 g de sucre cristallisé
- 200 g de sucre glace
- Bonbons divers (poissons gélifiés, roudoudou, chocolat...

Moule à biscuit roulé
Carton pour les formes

Préparer le biscuit
(fond du tableau)
1. Préchauffer le four ⚠ pour le biscuit.

Max à la plage

2. Beurrer et fariner un moule à biscuit roulé de 30 x 35 cm.

3. Séparer les blancs des jaunes d'œufs. Travailler avec un fouet les jaunes avec le sucre jusqu'à ce que le mélange blanchisse. Ajouter le beurre fondu, la farine et la levure.

4. Monter les blancs en neige ferme, puis les mélanger délicatement à la pâte.

5. Verser dans le moule et faire cuire au four ⚠. Démouler et laisser refroidir.

Préparer les sablés (personnage, bateaux et plage...)

6. Préchauffer le four ⚠ pour les sablés.

7. Étaler la pâte sur une planche farinée en lui donnant 1/2 centimètre d'épaisseur.

8. Faire des formes pour la plage, les bateaux, l'enfant, les pâtés de sable, les oiseaux et le soleil, puis découper la pâte sablée selon ces formes. Faire cuire au four ⚠ tous ces éléments sur une plaque beurrée.

Préparer les éléments du décor

9. Étaler la pâte d'amandes pour la mer et le ciel, puis la découper. La badigeonner au pinceau avec du colorant vert pour la mer.

10. Mélanger le sucre cristallisé avec deux ou trois gouttes de colorant bleu, pour faire le ciel.

Monter le décor

11. Répartir le sucre glace dans quatre bols. Délayer chaque portion avec quelques gouttes d'eau pour obtenir une masse à peine coulante. Colorer en rouge, jaune, vert et laisser le 4e bol en blanc. Verser dans des cornets de papier (ou des petits sacs en plastique). Recouvrir de glaçage les différents sujets en pâte sablée *(voir la photo)*.

12. Placer le biscuit sur le plat de service. Poser les éléments en sablé, puis les bonbons pour compléter le décor.

Août

1	2	3	4	5	6	7
8	9	10	11	12	13	14
15	16	17	18	15	20	21
22	23	24	25	26	27	28
29	30	31				

Entoure le jour où tu veux organiser ton pique-nique.

Les montagnards sont là !

De bonnes chaussures de marche, un chapeau pour protéger des coups de soleil, une gourde remplie à l'eau fraîche d'un torrent et, dans le sac à dos, un solide remontant énergétique en cas de fringale.

Mes invités

....
....
....
....
....
....

PRÉPARATION : 30 min
CUISSON :   10 min
par plaque
(four : thermostat 7 - 240 °C)

Les courses à faire

1. ....
2. ....
3. ....
4. ....
5. ....
6. ....
7. ....
   ....

Un petit plus

Les cookies aux noisettes se conservent frais quelques jours dans une boîte hermétique.

Cookies aux noisettes

Ingrédients pour 40 à 50 cookies

- 125 g de noisettes décortiquées
- 250 g de cassonade
- 4 jaunes d'œufs
- 1/2 cuillerée à café de sel fin
- 125 g de beurre
- 250 g de farine
- 1/2 sachet de levure chimique

1. Mettre les noisettes dans un sac en plastique, faire un nœud et les frapper avec un rouleau à pâtisserie pour les casser grossièrement.

2. Préchauffer le four ⚠.

Préparer la pâte des cookies

3. Dans un grand saladier, mélanger les noisettes concassées et la cassonade. Ajouter les jaunes d'œufs, le sel et le beurre ramolli (mais non fondu). Tourner à l'aide d'une cuillère en bois pour rendre le mélange lisse.

4. Verser alors la farine, par cuillerées, et terminer en incorporant la levure.

Cuire les cookies

5. Graisser une plaque du four avec un peu de beurre, en l'étalant avec un morceau de papier absorbant (il est intéressant de pouvoir disposer de deux plaques du four pour faire un va-et-vient).

6. À l'aide de deux cuillères à café, prélever des boules de pâte de la grosseur d'une noix. Les disposer sur une tôle en les espaçant suffisamment pour qu'elles puissent s'étaler à la cuisson.

7. Cuire à mi-hauteur dans le four ⚠.
Au bout de 10 minutes, les cookies sont cuits. Retirer la plaque du four, décoller les petits gâteaux avec une spatule et faire refroidir sur une grille à pâtisserie.

8. Nettoyer la tôle pour la cuisson suivante.

Pique-nique à la campagne

Août

1	2	3	4	5	6	7
8	9	10	11	12	13	14
15	16	17	18	15	20	21
22	23	24	25	26	27	28
29	30	31				

Entoure le jour où tu veux organiser ton pique-nique.

Mes invités

....
....
....
....
....
....

Les courses à faire

1. ....
2. ....
3. ....
4. ....
5. ....
6. ....
7. ....
....

Invités indésirables

Impossible de pique-niquer dans la prairie sans que les fourmis, les guêpes et autres insectes gourmands s'invitent au festin. Le mieux c'est de les ignorer…

PRÉPARATION : 15 min
CUISSON : 30 min
(four : thermostat 5 - 200 °C)

Ingrédients pour 8 enfants

Gâteau
- 125 g de beurre
  + 20 g pour le moule
- 4 œufs
- 150 g de sucre en poudre
- 1 sachet de sucre vanillé
- 1 citron non traité
- 1 cuillerée à café d'extrait d'amandes amères
- 125 g de farine
  + 1 cuillerée à soupe pour le moule
- 1 pincée de sel

Décor
- Vermicelles multicolores

Moule rectangulaire de 20 x 15 cm

Madeleine géante

1. Préchauffer le four ⚠.

Préparer la pâte
2. Dans une casserole ⚠, faire fondre le beurre sans le laisser prendre couleur. Laisser tiédir.

3. Casser les œufs en séparant les blancs des jaunes. Réserver les blancs et mettre les jaunes dans une terrine. Ajouter le sucre en poudre et le sucre vanillé. Fouetter le tout jusqu'à ce que le mélange blanchisse. En continuant à fouetter, incorporer peu à peu le beurre fondu.

4. Laver et brosser le citron. L'essuyer, découper le zeste et le râper finement. L'incorporer à la préparation ainsi que l'extrait d'amandes amères.

5. Monter les blancs d'œufs en neige ferme. Mélanger la farine et le sel. Verser dans le mélange et, sans remuer, ajouter les blancs en neige. Avec des mouvements larges et ronds, mélanger délicatement le tout en enrobant bien les blancs.

Cuire le gâteau
6. Beurrer et fariner le moule. Tapoter pour faire tomber l'excédent de farine et y verser la préparation. Enfourner à mi-hauteur ⚠ et laisser cuire 30 minutes. Si la surface du gâteau brunit trop vite, la protéger avec une feuille d'aluminium. Quand le gâteau est cuit et encore chaud, le démouler sur une grille.

Avant de servir
7. Décorer le gâteau avec des vermicelles multicolores.

la Rentrée des classes

Septembre

1	2	3	4	5	6	7
8	9	10	11	12	13	14
15	16	17	18	15	20	21
22	23	24	25	26	27	28
29	30					

Entoure ton premier jour de classe.

Mes invités

....
....
....
....
....
....

Les courses à faire

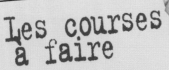

1. ....
2. ....
3. ....
4. ....
5. ....
6. ....
7. ....

Sacré Charlemagne

Ce n'est pas parce qu'on doit retourner à l'école qu'il faut se laisser mourir de faim ! Pensez à mettre dans votre cartable quelque délice sucré pour l'heure du goûter.

PRÉPARATION : 1 heure
CUISSON: 25 min
(four : thermostat 5 - 200 °C)

Ingrédients
pour 8 à 10 enfants

Gâteau au chocolat

- 6 œufs
- 250 g de chocolat
- 120 g de beurre
- 6 cuillerées à soupe de farine
- 250 g de sucre en poudre

Décoration du cartable

- 350 g de pâte d'amandes rose
- 250 g de pâte d'amandes jaune
- 1 ruban-bonbon à la fraise
- 1 tube de crème à dessiner
- 2 crêpes dentelle
- 1 sucre d'orge

Moule rectangulaire de 26 sur 35 cm

Gâteau cartable

1. Préchauffer le four ⚠️.

Préparer le gâteau
2. Séparer les jaunes des blancs d'œufs. Faire fondre le chocolat au bain-marie (voir p. 90). Ajouter le beurre préalablement fondu, les jaunes d'œufs, la farine et le sucre. Remuer avec un fouet. Ajouter les blancs battus en neige ferme. Remuer délicatement.

3. Verser la pâte dans le moule beurré. Faire cuire au four ⚠️. Au sortir du four, couvrir le moule 5 minutes, puis démouler

délicatement et laisser refroidir.

Préparer la décoration du gâteau
4. Étaler la pâte d'amandes rose au rouleau, de manière à recouvrir tout le gâteau (soit sur une surface de 30 x 40 cm).

5. Étaler 200 g de pâte d'amandes jaune et découper le rabat et les deux poches du cartable *voir la photo.*

6. Poser trois morceaux de ruban comestible découpés, pour faire les

attaches du cartable.

7. Dessiner, à l'aide du tube de crème, les contours des rabats et les boucles. Inscrire le nom de l'écolier.

8. Faire la poignée en mettant les deux crêpes dentelle avec une bande de ruban comestible au milieu et coller l'ensemble avec du miel sur le haut du cartable.

9. Faire la pointe du crayon avec 50 g de pâte d'amandes jaune au bout du sucre d'orge. L'enfoncer dans la poche.

Je suis un petit garçon
De bonne figure
Qui aime bien les bonbons
Et les confitures.
Si vous voulez m'en donner
Je saurai bien les manger.
La bonne aventure, ô gué!
La bonne aventure!

La Bonne Aventure, ô gué!
Chanson du XVIIIe siècle.

l'automne

l'Automne

Septembre

1	2	3	4	5	6	7
8	9	10	11	12	13	14
15	16	17	18	15	20	21
2	23	4	25	26	27	28
29	30					

Mes invités

....
....
....
....
....
....

Les courses à faire

1. ....
2. ....
3. ....
4. ....
5. ....
6. ....
7. ....
....

Symphonie automnale

Colchiques dans les prés
fleurissent, fleurissent…
Colchiques dans les prés,
C'est la fin de l'été.
La feuille d'automne,
Emportée par le vent,
S'envole monotone,
S'en va tourbillonnant.

PRÉPARATION : 20 min
CUISSON: 30 min
(four : thermostat 4-5 - 190 °C)

Patapoufs aux pommes

**Ingrédients
pour 6 enfants**

150 g de beurre
+ 20 g pour le moule
200 g de sucre en poudre
80 g de poudre d'amandes
80 g de chapelure
50 g de farine
1 kg de pommes reinettes
1 citron
1/2 cuillerée à café de
cannelle en poudre
Crème fraîche (facultatif)

*6 ramequins en terre ou en
porcelaine à feu d'environ
8 cm de diamètre*

1. Préchauffer le four ⚠.

**Préparer
la pâte des soufflés
2.** Laisser ramollir le
beurre à température
ambiante. Dans une
terrine, travailler le beurre
ramolli, en pommade.
Ajouter 80 g de sucre en
poudre, puis la poudre
d'amandes, la chapelure
et la farine. Mélanger.

**Avant la cuisson
3.** Peler les pommes
et les râper en éliminant
les parties dures du
centre et les pépins.
Les arroser aussitôt
de jus de citron pour les
empêcher de noircir, puis
les mélanger avec le reste
du sucre et la cannelle,
dans un saladier.

4. Beurrer six ramequins.
Dans chacun, verser une
cuillerée à soupe de la
préparation. Puis, étaler

une couche de pomme
rapée et recouvrir avec
le reste de la pâte (une
cuillerée à soupe dans
chaque ramequin), en
la répartissant bien.

**Cuire les soufflés
au moment de servir
5.** Mettre au four ⚠
à mi-hauteur pour
30 minutes.
Servir dans les ramequins,
sans démouler, en
accompagnant de crème
fraîche.

l'Anniversaire de...

Octobre

1	2	3	4	5	6	7
8	9	10	11	12	13	14
15	16	17	18	15	20	21
22	23	24	25	26	27	28
29	30	31				

Entoure le jour de l'anniversaire célébré.

Mes invités

....
....
....
....
....
....

Happy Birthday

Qui dit anniversaire dit gâteau et bougies. Plus on devient grand, plus il y a de bougies à souffler d'un seul coup, et sans se faire aider. Mais attention qu'un farceur n'ait pas mis des bougies qui refusent de s'éteindre ! Ne pas oublier de donner aux invités un carton avec l'adresse et l'heure de la fête.

PRÉPARATION : 20 min
Pour le glaçage
REPOS : 45 min

Les courses à faire

1. ....
2. ....
3. ....
4. ....
5. ....
6. ....
7. ....
....

Gâteau aux bonbons

**Ingrédients
pour 8 enfants**

1 génoise de 22 cm
de diamètre achetée
chez le pâtissier
1/2 pot de confiture
de griottes

Glaçage au chocolat
10 cl de crème fraîche
150 g de chocolat riche
en cacao

Décor
Bonbons de couleurs vives
et de formes variées

Préparer le gâteau
1. Couper la génoise
pour obtenir deux ronds.
Poser le dessous sur un
plat de service. Recouvrir
d'une couche épaisse de
confiture. Placer la
deuxième partie dessus,
pour reconstituer le
gâteau.

Préparer le glaçage
2. Verser la crème dans
une petite casserole. Faire
chauffer la crème sur feu
doux ⚠, jusqu'à ce
qu'elle arrive à ébullition.
Casser le chocolat en
petits morceaux. Ajouter

le chocolat dans la
crème. Éteindre le feu
et attendre 5 minutes.

3. Remuer avec un fouet
alors le contenu de la
casserole afin d'obtenir
un mélange fluide.
S'il reste quelques
morceaux de chocolat,
remettre 1 minute sur feu
très doux, sans cesser
de remuer.

4. Laisser refroidir pour
que la crème au chocolat
soit plus épaisse : elle
doit avoir la consistance
de beurre mou.

5. Verser la moitié de
ce glaçage au milieu du
gâteau. Laisser s'écouler
en égalisant avec une
spatule. Enduire
également les bords de
chocolat. Laisser reposer
jusqu'à ce que le glaçage
commence à durcir.

Décorer le gâteau
6. En s'inspirant de la
photo, utiliser les bonbons
colorés pour faire des
guirlandes.

la Fête du Goût

Octobre

1	2	3	4	5	6	7
8	9	10	11	12	13	14
15	16	17	18	15	20	21
22	23	24	25	26	27	28
29	30	31				

Quel jour fête-t-on le goût, cette année ?

Mes invités

....
....
....
....
....
....

Une fête de gourmands

Depuis quelques années, la fête du goût est célébrée. Les enfants deviennent cuisiniers et pâtissiers et surprennent les « grands » par l'originalité de leurs créations.

PRÉPARATION :
CHEVAUX :   40 min
MONTAGE :   1 heure
CUISSON :   20 min
(four : thermostat 5 - 200 °C)

Ingrédients pour 6 enfants

1 gâteau au chocolat pour 6 personnes à préparer la veille, recette page 90

Petits sablés
- 1 jaune d'œuf
- 60 g de sucre en poudre
- 1 cuillerée à soupe de lait
- 125 g de farine
- 60 g de beurre

Crème colorée blanche, rouge, verte, recette page 90

Les courses à faire

1. ....
2. ....
3. ....
4. ....
5. ....
6. ....
7. ....
....

Le manège enchanté

Manège

- 6 sucres d'orge tournés de 16 à 18 cm
- 1 sucre d'orge de 22 à 23 cm
- 1 feuille de papier Canson
- Papier gommé de différentes couleurs
- Petits bonbons et gâteaux divers

forme de cheval dans du carton épais (11 x 7 cm)

Préparer les chevaux en pâte sablée

1. Travailler le jaune d'œuf avec le sucre et le lait. Verser la farine et travailler du bout des doigts pour obtenir un mélange sableux. Incorporer le beurre en pétrissant.

2. Mettre au réfrigérateur 30 minutes. Étaler au rouleau sur 4 à 5 millimètres d'épaisseur. Disposer la forme du cheval sur la pâte et découper six chevaux avec un couteau pointu.

3. Faire cuire les sablés sur une tôle légèrement beurrée : ils doivent être à peine dorés. Refroidir sur une grille.

Décorer les chevaux

4. Verser la crème colorée dans trois petits sacs en plastique ; perforer un angle et dessiner sur les chevaux : crinière, œil, rênes, selle...

Faire le manège

5. Découper dans le papier Canson un disque de 24 centimètres de diamètre (2 centimètres de plus que le gâteau). Tracer huit divisions régulières en partant du centre. En recouvrir sept de triangles de papier gommé de couleurs vives. Superposer et coller les 7e et 8e divisions pour obtenir un cône. Coller une bordure de Canson tout autour de la base du cône (2 X 70 cm) en découpant des festons.

Montage du manège *(voir photo)*

6. Poser le gâteau au chocolat sur le plat de service. Enfoncer au centre le plus long sucre d'orge et autour les six sucres d'orge. Avec de la crème colorée blanche, coller les chevaux. Poser le toit du manège. Terminer le décor avec des bonbons et des petits gâteaux.

Halloween

Octobre

1	2	3	4	5	6	7
8	9	10	11	12	13	14
15	16	17	18	15	20	21
22	23	24	25	26	27	28
29	3	(31)				

Mes invités

....
....
....
....
....
....

Les courses à faire

1. ....
2. ....
3. ....
4. ....
5. ....
6. ....
7. ....
....

Un peu d'histoire

Halloween (*all hallow even*), « veille de tous les saints », se fête le 31 octobre.

Cette nuit-là, tous les enfants revêtent les déguisements les plus terrifiants et quêtent pour obtenir des friandises. Mais Halloween est surtout la nuit des fantômes, des squelettes et des sorcières…

Et il est bien connu que ces dernières en profitent pour faire leur sabbat dans des lieux magiques, dans des clairières au milieu de la forêt tout juste éclairées par la lune, et qu'on appelle « ronds de sorcières » !

PRÉPARATION : 20 min
CUISSON : 5 à 10 min
(four : thermostat 5 - 200 °C)

✋ Un petit plus

Il est aussi possible d'utiliser des champignons en meringue ou en sucre.

Rond de sorcières

**Ingrédients
pour 8 enfants**

1 pot de confiture de
framboises de 450 g
3 blancs d'œufs
80 g de sucre en poudre
1 sachet de sucre vanillé

Champignons
1 paquet de pâte
d'amandes blanche
Colorants alimentaires

1 génoise de 26 cm
de diamètre

1. Préchauffer le four ⚠.

Préparer le gâteau
2. Couper la génoise
horizontalement en deux
parties.

3. Étaler la confiture de
framboises sur la partie
inférieure. Recouvrir avec
l'autre partie de manière
à reconstituer le gâteau.
Placer la génoise sur un
plat de service allant au
four.

4. Monter les blancs
d'œufs en neige ferme en
leur incorporant le sucre
et le sucre vanillé.

5. Quand le mélange
est ferme, en recouvrir
complètement la génoise.

6. Enfourner ⚠ à mi-
hauteur et laisser blondir
en surveillant. Sortir le
gâteau et le laisser
complètement refroidir.

**Préparer
les champignons**
7. Avec la pâte
d'amandes, faire
cinq boudins pour les
pieds et façonner cinq
petites boules aplaties
pour les têtes. Poser
quelques gouttes de
colorants alimentaires
sur les têtes. Assembler
les deux parties pour
reconstituer les
champignons.

8. Avant de le déguster,
décorer le gâteau avec
les petits champignons.

la Fête du Chocolat

Novembre

1	2	3	4	5	6	7
8	9	10	11	12	13	14
15	16	17	18	15	20	21
22	23	24	25	26	27	28
29	30					

Quel jour vas-tu choisir pour organiser la fête du chocolat ?

Mes invités

· ·
· ·
· ·
· ·
· ·
· ·

Les courses à faire

1. ·
2. ·
3. ·
4. ·
5. ·
6. ·
7. ·
· ·

Monsieur Chocolat

À tout seigneur, tout honneur ! Aujourd'hui, on fête le roi des douceurs. Au petit déjeuner, en tablette, en gâteau ou en bonbon-truffe. Noir, au lait ou blanc, le chocolat est plein d'énergie et il rend joyeux.

PRÉPARATION : 30 min
REPOS : 4 heures

Ingrédients pour 16 truffes

Truffes blanches
- 150 g de chocolat blanc
- 60 g de crème fraîche

Truffes noires
- 120 g de chocolat riche en cacao
- 2 cuillerées à soupe de lait
- 50 g de beurre
- 1 jaune d'œuf
- 50 g de sucre glace

Décor
- 25 g de vermicelles de chocolat multicolores
- 25 g de vermicelles de chocolat noir
- Petits bonbons variés (Car-en-Sac, bonbons anglais, mimosas, Smarties, boules de réglisse...)

16 petites caissettes de papier plissé

Les truffes des enfants

Préparer la pâte des truffes blanche

1. Casser le chocolat blanc en morceaux, puis le mettre avec la crème dans une petite casserole ⚠. Porter à ébullition en remuant sans cesse, jusqu'à ce que la masse soit homogène. Verser dans un bol, laisser refroidir, puis couvrir et mettre au réfrigérateur pendant 2 ou 3 heures.

Préparer la pâte des truffes noires

2. Casser le chocolat en morceaux, puis le mettre avec le lait dans une petite casserole. Poser sur feu très doux ⚠, en surveillant bien, jusqu'à ce que le chocolat soit mou. Ajouter le beurre, retirer du feu et bien mélanger. Incorporer le jaune d'œuf et le sucre glace. Verser dans un bol, laisser refroidir, puis couvrir et mettre au réfrigérateur 2 ou 3 heures.

Former les truffes

3. Sortir la pâte blanche du réfrigérateur. Couper en quatre et former quatre grosses boules en roulant rapidement entre les paumes des mains pour leur donner la forme la plus sphérique possible (se laver préalablement les mains à l'eau froide, les essuyer et garder à proximité un papier absorbant pour les nettoyer entre chaque boule).

4. Mettre les vermicelles de

chocolat noir dans un bol et rouler doucement les quatre truffes, pour les recouvrir entièrement. Les poser délicatement sur une assiette et remettre 1 heure au réfrigérateur.

5. Procéder de même avec la pâte des truffes noires, mais les enrober de vermicelles multicolores.

Décorer les truffes

6. Lorsque les huit boules sont bien fermes, sortir du réfrigérateur et couper chaque boule en deux. Les disposer, côté coupé au-dessus, dans les caissettes de papier plissé, puis dans le plat de service.

7. Compléter alors le décor des truffes en s'inspirant de la photo.

8. Tenir au frais jusqu'au moment de déguster.

la Saint-Nicolas

Décembre

1	2	3	4	5	6	7
8	9	10	11	12	13	14
15	16	17	18	15	20	21
22	23	24	25	26	27	28
29	30	31				

Mes invités

....
....
....
....
....
....

Les courses à faire

1. ....
2. ....
3. ....
4. ....
5. ....
6. ....
7. ....
....

PRÉPARATION : 4 heures
CUISSON :   30 min
par plaque
(four : thermostat 6 - 220 °C)

Ingrédients pour le gâteau

Pain d'épices
- 1,800 kg de farine
- 4 cuillerées à café de cannelle en poudre
- 2 cuillerées à café de girofle en poudre
- 1 cuillerée à café de muscade en poudre
- 2 cuillerées à café d'anis moulu
- 2 cuillerée à café de sel
- 3 sachets de levure chimique
- 400 g de miel liquide
- 800 g de sucre en poudre
- 120 g de beurre
- 4 citrons
- 2 œufs entiers
- 2 jaunes d'œuf

Glaçage
- 2 blancs d'œufs
- 350 g de sucre glace

Décor
- Bonbons de couleurs, de formes et de parfums variés
- Sucettes rondes
- Perles d'argent…
- Sujets de Noël

Poche à douille

Petite maison de pain d'épices

1. Découper dans du bristol les morceaux constituant le patron de la maison (*voir p. 91*).

2. Préchauffer le four ⚠.

Faire les plaques de pain d'épices
3. Beurrer et fariner la plaque du four.

4. Dans une grande terrine, mettre la farine, toutes les épices, le sel et la levure, mélanger.

5. Dans une casserole, verser le miel. Faire chauffer ⚠, ajouter le sucre en mélangeant, en deux ou trois fois. Incorporer le beurre et remuer, sur feu moyen, jusqu'à ébullition.

6. Retirer du feu, ajouter le zeste râpé des citrons et le jus de trois citrons. Laisser refroidir.

7. Verser la moitié dans la farine. Mélanger. Ajouter les œufs entiers, les jaunes puis le reste du mélange au miel. Incorporer le tout et pétrir à la main : la pâte est souple et un peu collante.

8. La diviser en quatre.

En étaler une partie au rouleau, directement sur la tôle préparée. Faire cuire ⚠ jusqu'à l'obtention d'une belle couleur brune.

9. Dès la sortie du four, découper, à l'aide d'un couteau pointu, autour des patrons. Recommencer avec les autres parties de pâte.

Préparer le glaçage
10. Monter les blancs d'œufs en neige ferme et ajouter, peu à peu, le sucre glace pour obtenir une pâte à peine coulante. La mettre dans une poche munie d'une

douille fine (ou dans un cornet de papier sulfurisé). Faire la maison (*voir photo*).

11. Réaliser à plat la décoration de tous les éléments. Avec le glaçage, coller les bonbons, puis un à un tous les éléments pour reconstituer la maison, en commençant par le socle. Maintenir chaque élément quelques minutes : le glaçage durcit en séchant.

12. Terminer par des sujets de Noël et des bonbons. Saupoudrer le socle de sucre glace.

Il était une Dame Tartine
Dans un beau palais de beurre frais.
La muraille était de praline,
Le parquet était de croquets,
La chambre à coucher
de crème de lait,
Le lit de biscuit,
Les rideaux d'anis.

Voici que la fée Carabosse,
Jalouse et de mauvaise humeur,
Renversa d'un coup de sa bosse
Le palais sucré du bonheur.
Pour le rebâtir,
Donnez, bons parents,
Du sucre aux enfants !

Dame Tartine,
Chanson populaire du XIXᵉ siècle.

l'hiver

l' Hiver

Décembre

1	2	3	4	5	6	7
8	9	10	11	12	13	14
15	16	17	18	15	20	21
(22)	23	24	25	26	27	28
29	30	31				

Mes invités

....
....
....
....
....
....

Les courses à faire

1. ....
2. ....
3. ....
4. ....
5. ....
6. ....
7. ....
....

Vive le vent d'hiver

Comme les petits enfants du Portugal, réaliser ce hérisson qui est un dessert traditionnel de la fête de Noël.

 Préparation : 30 min

✋ Un petit plus

Avec de la pâte d'amandes de couleur (blanche, verte, rose), réaliser une petite clairière dans laquelle se promène le hérisson. Faire ainsi un arbre, des champignons et des petites fleurs.

Hérisson en pâte d'amandes

**Ingrédients
pour 10 à 12 enfants**

- 250 g de sucre en morceaux
- 1 cuillerée à soupe d'eau
- 250 g de poudre d'amandes
- 3 jaunes d'œufs
- 200 g de pignons
- 2 clous de girofle
- 1 grain de café

Préparer le corps du hérisson

1. Mettre le sucre et l'eau dans une petite casserole épaisse : le sucre doit juste être imbibé d'eau.

2. Faire fondre doucement sur feu doux ⚠ et surveiller la cuisson du sirop : au bout de 5 minutes environ, des grosses bulles éclatent à la surface. Remuer avec une cuillère en bois et soulever régulièrement pour obtenir un filet épais.

3. Retirer la casserole du feu. Verser la poudre d'amandes en trois ou quatre fois et mélanger vigoureusement.

4. Ajouter les jaunes d'œufs battus à la fourchette et pétrir la pâte d'amandes à la main pour la rendre lisse et homogène.

5. Donner à la pâte encore tiède la forme d'un hérisson.

Décorer le hérisson

6. Hérisser toute la surface du corps avec les pignons. Poser les clous de girofle pour les yeux et le grain de café pour le bout du nez.

Noël

Décembre

1	2	3	4	5	6	7
8	9	10	11	12	13	14
15	16	17	18	15	20	21
22	23	24	**25**	26	27	28
29	30	31				

Mes invités

....
....
....
....
....
....

Les courses à faire

1. ....
2. ....
3. ....
4. ....
5. ....
6. ....
7. ....
....

PRÉPARATION : 40 min
CUISSON : 40 min
(Four : thermostat 5-6 - 210 °C)

Ingrédients
pour 6 gourmands

Gâteau
- 7 blancs d'œufs
- Zeste d'une orange
- 250 g de sucre en poudre
- 60 g de farine
- 75 g de fécule
- 100 g de beurre

Décoration
- 1 dl de jus d'orange
- 9 petits-suisses

e nuage du père Noël

9 cuillerées à soupe de
noix de coco râpée
Bonbons et sucettes
2 cuillerées à soupe
de sucre coloré

Moule à manqué

1. Préchauffer le four ⚠.

Préparer le gâteau
2. Monter les blancs
d'œufs en neige très
ferme.

3. Râper finement
le zeste d'orange.
En remuant très
délicatement, ajouter aux
blancs d'œufs le zeste, le
sucre, la farine, la fécule.
Incorporer enfin le beurre
fondu tiède.

4. Mettre cette
préparation dans un
moule à manqué beurré
et fariné. Faire cuire
au four ⚠. Démouler
chaud. Laisser refroidir.

Décoration de Noël
5. Couper les bords
du gâteau afin de former
un nuage, puis couper
le gâteau en deux dans
le sens de la largeur.
Humecter chaque tranche
avec le jus d'orange.

6. Mélanger les petits-
suisses et la noix de coco.
Étaler la moitié de cette
crème sur une tranche
de gâteau.
Poser la moitié du gâteau
sur le plat de service.
Étaler la moitié du

mélange. Poser
la deuxième tranche.
Recouvrir le dessus
de crème.

7. En s'inspirant de
la photo, décorer avec
des bonbons, des sucettes
et du sucre coloré.

le Jour de l'an

Janvier

1	2	3	4	5	6	7
8	9	10	11	12	13	14
15	16	17	18	15	20	21
22	23	24	25	26	27	28
29	30	31				

Mes invités

....
....
....
....
....
....

Les courses à faire

1. ....
2. ....
3. ....
4. ....
5. ....
6. ....
7. ....
....

Au gui l'an neuf !

En prononçant cette formule magique, la coutume est de s'embrasser entre parents et amis sous une boule de gui en s'adressant des vœux pour l'année qui arrive.

PRÉPARATION : 1 heure
REPOS : 12 heures
CUISSON : 50 min
(four : thermostat 5 - 200 °C)

Ingrédients pour 12 enfants

Gâteau
- 250 g de sucre en poudre
- 1 pincée de sel
- 5 œufs
- 250 g de farine + un peu pour le moule
- 1 sachet de levure chimique
- 250 g de beurre fondu + un peu pour le moule

Crème au beurre
- 2 gros œufs
- 150 g de sucre en poudre
- 250 g de beurre
- 100 g de chocolat riche en cacao
- 1 cuillerée à café de vanille liquide

La malle au trésor

résor
500 g de bonbons :
pièces en chocolat,
bonbons acidulés aux
couleurs de pierres
précieuses, berlingots,
sucres d'orge, colliers
de bonbons...

Moule à cake de 30 cm

. Préchauffer le four ⚠.

Préparer le gâteau
2. Dans une terrine,
asser les œufs, ajouter
e sucre, le sel et fouetter
our obtenir un mélange
ien homogène. Ajouter
a farine et la levure
mélangées, le beurre
ondu et battre jusqu'à ce
ue la pâte soit bien lisse.
eurrer et fariner un
oule à cake; verser
a pâte. Mettre au four
mi-hauteur ⚠ et cuire
0 minutes. Sortir du four,
isser tiédir 10 minutes
vant de démouler le
âteau sur une grille.
aisser reposer.

Préparer la crème
u beurre
3. Dans une petite
errine, au bain-marie,
asser les œufs. Verser le
cre, battre au fouet

pour dissoudre le sucre.
Retirer du bain-marie
et laisser refroidir.

4. Travailler le beurre
en pommade. Ajouter le
mélange œufs-sucre et
remuer pour obtenir une
crème bien lisse. Diviser
en deux parts inégales.
Réserver.

5. Faire fondre le
chocolat au bain-marie
ou au micro-ondes.
Remuer pour obtenir une
pâte lisse et mélanger à
la plus grosse part de
crème au beurre.
A jouter la vanille à
la petite part.

Décorer la malle
6. Afin de former le
couvercle de la malle,
couper horizontalement le
tiers supérieur du gâteau
avec un couteau à pain.
Poser les deux parties
du gâteau sur le plat
de service. Badigeonner
de crème au chocolat
avec une spatule.
Mettre au réfrigérateur
20 minutes.

7. Pour simuler les
ferrures, utiliser le beurre
à la vanille.

8. Garnir la malle avec
toutes les friandises.
Garder au frais jusqu'au
moment de servir.

la Fête des Rois

Janvier

1	2	3	4	5	**6**	7
8	9	10	11	12	13	14
15	16	17	18	15	20	21
22	23	24	25	26	27	28
29	30	31				

Mes invités

....
....
....
....
....
....

PRÉPARATION : 20 MIN
CUISSON : 20 MIN
(four : thermostat 5-6 - 210 °C

Les courses à faire

1. ....
2. ....
3. ....
4. ....
5. ....
6. ....
7. ....
....

Ingrédients pour 8 enfants

- 700 g de pâte feuilletée
- 5 cuillerées à soupe de sucre cristallisé
- Fruits confits : verts et rouges
- 1 jaune d'œuf

Décor

- 2 fèves des rois
- 2 couronnes en papier
- Bonbons pour décoration

Petites galettes en couronnes

1. Préchauffer le four ⚠.

**Préparer
les couronnes**
2. Saupoudrer
légèrement le plan de
travail avec du sucre
cristallisé. Étaler la pâte
feuilletée pour obtenir un
rectangle de 1/2 cm
d'épaisseur. Saupoudrer
le reste de sucre,
enfoncer dans la pâte
à l'aide d'un rouleau.

Plier la pâte en trois et
étaler sur environ
1/2 cm d'épaisseur en un
rectangle de 20 x 30 cm.
Avec un couteau,

découper en quatre
parties égales, puis au
centre de chacune des
parties, découper des
zigzags dans le sens de
la largeur : cela formera
les dents des couronnes.
Séparer les huit petites
couronnes obtenues.

3. Enfoncer une fève
au dos de deux des huit
couronnes pour avoir
un roi et une reine.
Couper les fruits confits
en gros morceaux.
Pour simuler des
cabochons de pierres
précieuses, incruster les
fruits confits dans les

couronnes. Pour terminer
la décoration, dessiner
avec un couteau des
croisillons, des vagues
ou des rainures sur les
couronnes.

4. Placer une feuille
de papier sulfurisé sur
la plaque du four, poser
les couronnes, puis les
dorer au jaune d'œuf.
Enfourner ⚠ et laisser
cuire 20 minutes.

5. Laisser tiédir.
Avec des bonbons,
décorer les assiettes
avant de déguster les
couronnes.

la Chandeleur

Février

1	②	3	4	5	6	7
8	9	10	11	12	13	14
15	16	17	18	15	20	21
22	23	24	25	26	27	28
29						

Mes invités

. . . .

. . . .

. . . .

. . . .

. . . .

. . . .

Les courses à faire

1. . . . .
2. . . . .
3. . . . .
4. . . . .
5. . . . .
6. . . . .
7. . . . .
. . . .

Un peu d'histoire

À tour de rôle, chacun doit cuire et faire sauter sa crêpe. Si elle retombe bien au milieu de la poêle, c'est du bonheur pour toute l'année. Une pièce d'or dans la main, et c'est la richesse assurée…

PRÉPARATION : 10 MIN
REPOS : 25 MIN
CUISSON : 40 MIN

Ingrédients pour 20 crêpes

- 250 g de farine
- 1/2 cuillerée à café de se
- 50 g de sucre en poudre
- 1 sachet de sucre vanillé
- 3 œufs
- 1/2 litre de lait
- 2 cuillerées à soupe d'huile d'arachide
- 1 petite boîte de cachous (6 g)

Décor (facultatif)

- Vermicelles multicolores
- Glace à la vanille
- Lanières de réglisse

Crêpes à la réglisse

Préparer la pâte à crêpes

1. Faire chauffer ⚠ le lait. Avant ébullition, le retirer du feu et y verser les cachous. Remuer jusqu'à ce qu'ils soient bien fondus et laisser refroidir. Dans une terrine, mélanger la farine, le sel, le sucre en poudre et le sucre vanillé. Faire une fontaine et y casser les œufs.

2. Délayer peu à peu avec le lait infusé et refroidi. Ajouter l'huile et remuer avec un fouet pour obtenir une pâte lisse et sans grumeaux. Laisser reposer la pâte en remuant de temps en temps pour qu'elle soit bien onctueuse.

Cuisson des crêpes

3. Mettre 1 cuillerée d'huile d'arachide dans un bol. À l'aide d'un pinceau, graisser ⚠ la poêle à chaque fois que vous faites cuire une crêpe. Pour éviter que la crêpe attache, laisser bien cuire la première face avant de la retourner à l'aide d'une spatule.

Empiler les crêpes après les avoir saupoudrées de sucre en poudre. Maintenir au chaud au bain-marie.

4. Servir tiède. Pour les plus gourmands, ces crêpes peuvent être servies avec une boule de glace à la vanille et décorées d'une lanière de réglisse et de vermicelles multicolores.

les Vacances de février

Février

1	2	3	4	5	6	7
8	9	10	11	12	13	14
15	16	17	18	15	20	21
22	23	24	25	26	27	28
29						

Entoure les dates de tes vacances

Mes invités

. . . .
. . . .
. . . .
. . . .
. . . .
. . . .

Les courses à faire

1. . . . .
2. . . . .
3. . . . .
4. . . . .
5. . . . .
6. . . . .
7. . . . .
. . . .

Un truc en plus

Pour accompagner ce bon-homme de neige, préparer un chocolat chaud. Dans une casserole, mettre un verre de lait et 50 g de chocolat noir. Cuire à petit feu quelques minutes en remuant. Sucrer. Boire chaud.

PRÉPARATION : 40 min

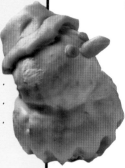

Ingrédients
pour 8 enfants

- 1 grosse brioche parisienne à tête tenant bien debout
- 200 g de crème pâtissière
- 2 cuillerées à soupe de gelée de groseilles
- 50 g de fruits confits coupés finement

Glaçage à la royale

- 1 blanc d'œuf
- 175 g de sucre glace
- 2 cuillerées à café de jus de citron

Décor

- 1 bâton de réglisse
- 1 cerise confite
- 1 bonbon coloré
- Pâte d'amandes rose et verte

Le bonhomme de neige

Garnir la brioche

1. Dès que la crème pâtissière est tiède, délayer soigneusement la gelée de groseilles et incorporer les fruits confits.

2. Couper la tête de la brioche et la creuser en laissant 3 cm environ de mie au fond et 2 cm d'épaisseur sur tout le pourtour. Couper la mie prélevée en petits dés, les incorporer à la crème pâtissière. Laisser refroidir.

Préparer le glaçage à la royale

3. Dans un saladier, battre le blanc d'œuf en neige ferme en lui incorporant le sucre glace et quelques gouttes de jus de citron pour obtenir une consistance fondante. Il faut fouetter longuement pour que la préparation acquière de la souplesse et s'étale facilement. Mettre au réfrigérateur en posant un torchon humide sur le saladier, car elle durcit très vite.

4. Garnir la brioche avec la préparation à base de crème pâtissière.

Remettre le chapeau de manière qu'il adhère bien. Disposer la brioche au centre du plat de service (au besoin, couper un petit morceau dessous pour bien la caler), et la couvrir de glaçage en commençant par la tête et en tartinant bien partout à l'aide d'une spatule souple. Au besoin, faire plusieurs couches ou des raccords.

5. Taillader une extrémité du bâton de réglisse pour simuler les fibres d'un balai. Le planter sur un côté de la brioche, fibres en l'air. Faire les yeux avec une cerise confite coupée en deux et le nez, avec un bonbon rouge. Modeler dans la pâte d'amandes un bonnet, une écharpe et des boutons pour habiller le bonhomme de neige, *(voir la photo)*. S'il reste du glaçage, en faire tomber quelques «flocons» tout autour de la brioche pour simuler la neige.

6. Garder au frais jusqu'au moment de servir, mais pas au réfrigérateur pour ne pas faire craqueler le glaçage.

Mardi gras

Février

1	2	3	4	5	6	7
8	9	10	11	12	13	14
15	16	17	18	15	20	21
22	23	24	25	26	27	28
29						

Entoure le jour de mardi gras.

Mes invités

....
....
....
....
....
....

Monsieur Carnaval

Pour mardi gras, chacun fait ce qui lui plaît et Carnaval mène la danse. Chanter, faire le clown, se moquer gentiment de ses copains… Aux siècles passés, un mannequin de paille était brûlé sur la place du village pour faire disparaître toutes les méchancetés du monde.

PRÉPARATION : 15 min

Les courses à faire

1. ....
2. ....
3. ....
4. ....
5. ....
6. ....
7. ....

Les clowns

**Ingrédients
pour 6 enfants**

- 1/2 litre de glace à
  la vanille ou au nougat
- 6 tranches d'ananas
  au sirop
- 6 kiwis
- Petits bonbons gélifiés :
  ronds et rouges pour le
  nez, ronds et bleus ou verts
  pour les yeux, allongés et
  rouges pour la bouche,
  ronds et verts ou blancs
  pour les oreilles
- 6 cornets à glace

1. Sortir la glace du
congélateur et la mettre
au réfrigérateur pendant
20 minutes, avant de
former les boules pour
qu'elles soient assez
souples.

**Préparer
la décoration**

2. Disposer à l'avance
sur une table tous les
éléments des visages.
Couper les nez, les yeux
et préparer des morceaux
rouges qui seront les
bouches.

3. Mettre une rondelle
d'ananas au milieu de
chaque assiette à dessert
pour faire la collerette.

Peler les kiwis, les couper
en rondelles et les
disposer en couronne
autour de chaque tranche
d'ananas pour faire
l'habit du clown.

**Au moment
de servir**

4. Sortir la glace du
réfrigérateur. Avec une
cuillère à glace, former
six grosses boules
régulières : pour cela,

plonger la cuillère dans
de l'eau chaude entre
chaque boule. Poser
chaque boule au centre
de la rondelle d'ananas.
Placer le cornet en guise
de chapeau, puis les
éléments du visage.
Servir immédiatement.

l'Anniversaire de...

Février

1	2	3	4	5	6	7
8	9	10	11	12	13	14
15	16	17	18	15	20	21
22	23	24	25	26	27	28
29						

Entoure la date de l'anniversire à fêter.

Un an de plus

Bon anniversaire ! Nos vœux les plus sincères... Que ces quelques fleurs vous apportent le bonheur... Moi, je demanderai des jouets et des bonbons de toutes les couleurs.

Mes invités

....
....
....
....
....
....

PRÉPARATION : 1 heure
CUISSON :   30 min
(four : thermostat 5-6 - 210 °C)
REPOS :   4 heures

Ingrédients
pour 6 enfants

Gâteau
- 6 œufs
- 175 g de sucre en poudre
- 150 g de farine
- 100 g de beurre
- 4 oranges
- 250 g de chocolat riche en cacao
- 1 paquet de langues de chat

Sirop à l'orange
- 2 oranges
- 100 g de sucre en poudre

Décor de gourmandise
- Bonbons, sucettes, gaufrettes,
- Pâte d'amandes...

Moule à génoise carré de 28 cm

Les courses à faire

1. ....
2. ....
3. ....
4. ....
5. ....
6. ....
7. ....
....

L'usine à bonbons

1. Préchauffer le four ⚠.

Préparer le gâteau
2. Séparer les blancs des jaunes d'œufs. Monter les blancs en neige. Battre avec un fouet les jaunes et le sucre jusqu'à ce que le mélange blanchisse. Ajouter un tiers de la farine. Mélanger. Faire fondre le beurre ⚠ à feu très doux ou au micro-ondes. Ajouter un tiers du beurre fondu et un tiers des blancs en neige. Mélanger délicatement. Recommencer l'opération trois fois.

3. Beurrer et fariner légèrement le moule. Verser la pâte dans le moule et mettre au four ⚠. Démouler et laisser refroidir. Couper le gâteau en quatre parts égales.

4. Peler les oranges, les couper en rondelles, puis en morceaux. Réserver.

Préparer le sirop
5. Presser le jus des oranges, le faire bouillir 5 minutes ⚠ avec le sucre.

Monter l'usine
6. Arroser avec le sirop obtenu les parts de gâteau. Disposer un premier quart sur un plat, étaler les morceaux d'oranges, poser un deuxième quart... et continuer jusqu'à ce que les quatre quarts soient empilés. Mettre au réfrigérateur pendant 2 heures.

7. Couper le gâteau en deux par la diagonale et déposer les deux morceaux bout à bout sur un plat long, pour faire le toit de l'usine.

8. Faire fondre le chocolat à feu très doux ⚠. L'étaler sur le toit de l'usine. Poser immédiatement les langues de chat, en commençant par la rangée du bas. Remettre au réfrigérateur pendant deux heures.

9. Terminer le décor de l'usine *(voir la photo)* : camions de gaufrettes débordant de sucreries (roues de bonbons montées sur pique-olives), arbres de sucettes...

la Mi-Carême

Mars

1	2	3	4	5	6	7
8	9	10	11	12	13	14
15	16	17	18	15	20	21
22	23	24	25	26	27	28
29	30	31				

Entoure le jour de la mi-carême.

Mes invités

....
....
....
....

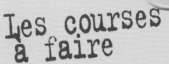

Les courses à faire

1. ....
2. ....
3. ....
4. ....
5. ....
6. ....
7. ....
....

Un peu d'histoire

Faire le carême, c'est jeuner pendant quarante jours. C'est-à-dire manger beaucoup moins que d'habitude. Heureusement, juste au milieu, il y a la mi-carême et ses réjouissances carnavalesques.

PRÉPARATION : 40 min
CUISSON : 35 min
(four : thermostat 5 - 200 °C)

Ingrédients
pour 8 enfants

Galette bretonne
- 325 g de farine
- 160 g de sucre en poudre
- 1/2 cuillerée à café de sel
- 160 g de beurre
- 4 jaunes d'œufs
- 1 cuillerée à soupe de lait

Glaçage au chocolat
- 2 cuillerées à soupe de crème fraîche
- 150 g de chocolat blanc

Décor
- Fruits confits : oranges, cerises, angélique, clémentine, melon…

Moule de 24 cm de diamètre
Bristol

Masque de carnaval

1. Préchauffer le four ⚠.

Préparer la galette bretonne

2. Mélanger la farine et le sucre, puis ajouter le sel. Couper le beurre amolli en très petits morceaux. L'émietter, du bout des doigts, dans le mélange jusqu'à obtenir une sorte de sable. Faire une fontaine ; mettre les jaunes d'œufs et le lait. Pétrir le tout à la main pour obtenir une boule.

3. Beurrer largement le moule ; y déposer la boule de pâte et l'aplatir à la main dans le moule. Bien lisser.

Décorer la galette

4. Découper les trous des yeux du masque dans la pâte crue. Pour cela, préparer deux languettes de bristol de 12 cm x 2. Les plier en forme d'amande. Les enfoncer à la place de chaque « œil » en enlevant la pâte à l'intérieur de l'amande. Placer le bristol, pointe vers le centre, pour que la forme tienne pendant la cuisson.

5. Faire cuire au four ⚠. Laisser refroidir et démouler.

Préparer le glaçage au chocolat

6. Faire chauffer, à feu doux ⚠, la crème dans une petite casserole ; ajouter le chocolat blanc cassé en morceaux. Remuer jusqu'à ce que le chocolat forme une pâte souple. Verser cette pâte sur la galette et l'étaler avec une spatule trempée dans de l'eau chaude. Laisser durcir.

Décorer le masque

7. Transformer la galette en masque à l'aide des fruits confits : cheveux en orange coupée en lamelles, yeux en cerises, sourcils en angélique, oreilles en lamelles de melon, nez en clémentine, moustaches en angélique, bouche en orange.

✋ Un petit plus

Pour aller plus vite, acheter une galette bretonne toute faite de 24 centimètres de diamètre. Pour faire les yeux : creuser avec soin, à l'aide d'un petit couteau.

Les recettes spéciales

Gâteau au chocolat

PRÉPARATION : 30 min
CUISSON :   35 min
(four : thermostat 5-6 - 210 °C)

Ingrédients pour 6 enfants

- 4 œufs
- 200 g de sucre en poudre
- 200 g de chocolat
- 2 dl de crème fraîche
- 200 g de farine
- 1 cuillerée à café de vanille liquide

Préparation du gâteau

1. Préchauffer le four ⚠.
2. Beurrer et chemiser de papier un moule à manqué de 22 cm de diamètre.
3. Casser les œufs dans une terrine, ajouter le sucre, poser la terrine sur une casserole d'eau chaude et battre au fouet 10 minutes : le mélange gonfle et devient onctueux.
4. Hors du feu, incorporer délicatement le chocolat râpé, la crème fraîche, la farine et la vanille liquide.
5. Verser dans le moule et faire cuire au four ⚠. Lorsque le gâteau est cuit (vérifier la cuisson), le démouler et le laisser refroidir.

Crème colorée

- 100 g de sucre glace
- 1 blanc d'œuf
- Colorants rouge, vert, bleu, jaune

Mettre le sucre glace dans un bol, puis ajouter le blanc d'œuf, afin d'obtenir, en mélangeant, une pâte épaisse à peine coulante. Diviser dans des bols et colorer selon les besoins. Pour le blanc, ne rien ajouter.

Patron de la petite maison de pain d'épices *page 69*

Sur des feuilles de bristol, dessinez les formes ci-dessous en respectant les dimensions indiquées en centimètres.

1ère plaque

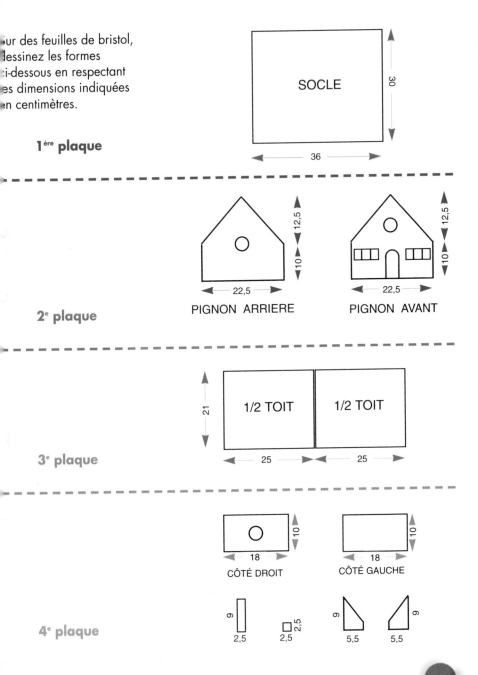

2e plaque

PIGNON ARRIERE PIGNON AVANT

3e plaque

4e plaque

Dictionnaire ...

Bain-marie
Poser un bol dans une casserole d'eau frissonnante pour réchauffer lentement ou faire fondre la préparation mise dans le bol.

Beurre en pommade
Laisser une ou deux heures le beurre hors du réfrigérateur pour qu'il ramollisse. Pour obtenir une pommade, le malaxer avec une cuillère en bois.

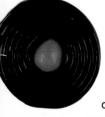

Beurre fondu
Poser sur un feu doux une casserole contenant le beurre. Laisser fondre en mélangeant. La préparation ne doit pas bouillir.

Beurre ramolli
Sortir le beurre du réfrigérateur et le laisser une ou deux heures à température ambiante pour qu'il ramollisse. Attention, il ne doit pas être liquide.

Blanchir un mélange
Remuer avec un fouet un mélange de jaunes d'œuf et de sucre en poudre jusqu'à ce qu'il atteigne une couleur blanche.

Bouillir
Mettre un liquide dans une casserole posée sur un feu vif et attendre l'ébullition.

Cassonade
Sucre roux concassé

Chemiser
Habiller l'intérieur d'un moule avec une pâte ou une mousseline.

Délayer
Ajouter un produit liquide à du sucre ou de la farine pour obtenir un mélange fluide.

Dénoyauter
Enlever, avec la pointe d'un couteau, le noyau d'un fruit après l'avoir ouvert.

Dorer au jaune d'œuf
En s'aidant d'un pinceau, badigeonner une pâte avec un mélange de jaunes d'œuf.

Ébullition
Un liquide arrive à ébullition lorsque de grosses bulles apparaissent à la surface.

Égrener
Détacher délicatement les baies d'un fruit : groseille, raisin...

Équeuter
Détacher la queue d'un fruit : cerise, poire...

Faire revenir
A feu moyen, dans une poêle avec un corps gras, faire dorer un fruit.

Filtrer
Verser dans une passoire ou un chinois un

de l'enfant pâtissier

…élange liquide pour qu'il
…oit lisse.

’ouetter
…attre avec un fouet ou un
…atteur électrique plusieurs
…grédients pour obtenir un
…élange homogène.

…laçage
…ecouvrir un gâteau d'un
…élange sucré et
…ou (chocolat,
…ucre) afin de
…ndre la surface
…rillante.

…mbiber
…erser un liquide (sirop,
…s de fruits) sur un sirop
…our le rendre plus
…oelleux.

…nfuser
…erser un produit
…anille, cachou) dans un
…quide bouillant, couvrir
…fin que les arômes
…arfument le liquide.

…acérer
…endant une heure ou
…eux, laisser des fruits
…aigner dans une
…réparation sucrée.

Mousseux
Mousse se formant sur
un mélange battu au fouet
ou au batteur.

Napper
Recouvrir un gâteau d'un
mélange semi-liquide
(chocolat, pulpe de fruits)
pour lui donner un aspect
brillant.

Pétrir
Mélanger à la main
tous les ingrédients
d'une pâte pour
obtenir une masse souple.

Saupoudrer
Verser légèrement su sucre
sur une tarte, un gâteau ou
des beignets.

Tamiser
Passer la farine dans un
tamis ou une passoire fine
pour retenir les grumeaux.

Zeste
A l'aide d'une
râpe à fromage, prélever
en petits morceaux l'écorce
d'un fruit (orange, citron).

Pour satisfaire le goût sucré de tous, l'industrie sucrière s'ingénie à diversifier les sucres, leurs présentations et de ce fait leurs utilisations. Le sucre se présente sous différentes consistances et couleurs.

Le sucre blanc correspond à un sucre de betterave ou de canne contenant au moins 99,7 % de saccharose.

Le sucre roux de betterave ou de canne contient 85 à 95 % de saccharose et certaines impuretés auxquelles il doit sa couleur plus ou moins brune et son arôme spécifique.

Les sucres « courants »

• le sucre cristallisé blanc

Il est recueilli dans les turbines après concentration sous vide et cristallisation des sirops. Il est utilisé pour les fruits macérés dans le sucre, l'enrobage des pâtes de fruits, les confitures.

• Le sucre en poudre

Il est obtenu par broyage ou tamisage du sucre cristallisé blanc. Il est utilisé pour sucrer les desserts (entremets, glaces, fromages blancs...), pour enrober certains gâteaux.

• le sucre glace

Il est obtenu par broyage très fin de sucre cristallisé blanc et additionné d'amidon (environ 3 %) pour éviter sa prise en bloc. Il est utilisé pour décorer les gâteaux à l'aide un pochoir, sucrer les gaufres et les crêpes, décorer les gâteaux avec un glaçage, les recettes sans cuisson (mousses, sorbets...)

• Le sucre moulé en morceaux

Ce sont des cristaux de sucre blanc ou roux, encore chauds et humides, provenant des turbines, compressés automatiquement dans des moules et agglomérés entre eux par séchage. Vous trouvez le sucre domino n° 3 soit 7 g, n° 4 soit 5 g, le sucre en dés. Il est utilisé pour réaliser du caramel blond ou brun, du sirop de sucre, pour sucrer les boissons chaudes.

Les sucres « spéciaux »

• La vergeoise

C'est un sucre à consistance moelleuse provenant d'un sirop de betterave ou de canne coloré et parfumé par les composants naturels de sa matière première : pour la vergeoise blonde ceux d'un premier sirop recuit, pour la vergeoise brune ceux d'un second sirop. Elle est utilisée pour confectionner les pâtisseries du Nord de la France et de la Belgique, pour sucrer les crêpes, les gaufres, les tartes au sucre et les « spéculos ».

• La cassonade

C'est un sucre cristallisé brut roux extrait directement du jus de canne à sucre et recueilli dans des turbines après concentration sous vide et cristallisation des sirops. Sa saveur spécifique rappelle le rhum. Elle est utilisée pour toutes les recettes exotiques et les recettes d'origine anglaise.

• Le sucre candi

Ce sont des cristaux blancs ou roux, plus ou moins gros, obtenus par cristallisation lente sur un fil de lin ou de coton d'un sirop concentré et chaud. Il est utilisé pour la préparation de liqueurs et de certains apéritifs maison.

• Le sucre en cubes

Ce sucre est obtenu après moulage en lingots de sucre cristallisé blanc ou roux puis cassage. Il est utilisé pour sucrer les boissons chaudes.

• Le sucre pour confitures

Sucre blanc additionné de pectine naturelle de fruits, d'acide citrique

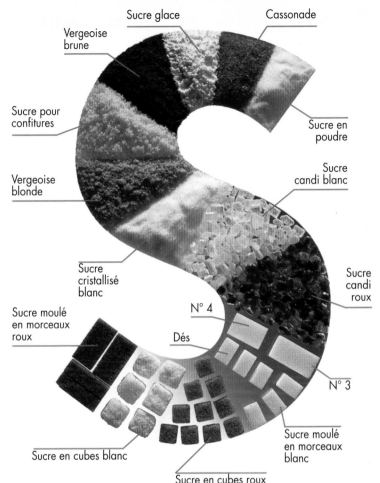

Vergeoise brune — Sucre glace — Cassonade

Sucre pour confitures

Sucre en poudre

Vergeoise blonde

Sucre candi blanc

Sucre cristallisé blanc

Sucre candi roux

Sucre moulé en morceaux roux

N° 4

Dés

Sucre en cubes blanc

N° 3

Sucre moulé en morceaux blanc

Sucre en cubes roux

imentaire et
uelquefois
acide tartrique.
est utilisé pour
ciliter la prise
s confitures,
ur la réalisation
e certains sorbets.
s temps de
isson indiqués
r les emballages
nt à respecter
pérativement.

'autres ariétés...

Le sucre liquide

opelé aussi sirop de sucre,
est une solution de sucre
e betterave ou de canne,
colore ou ambrée. Une
illère à soupe de sirop
quivaut à 10 g de sucre. Il
t utilisé pour la préparation
e boissons antillaises et de
lades de fruits ainsi que

pour la confection de
charlottes, de puddings,
de génoise, de meringue
italienne, de crème au beurre.
Dans ce cas, on remplace
le sucre en poudre par du
sucre liquide. La pâte est plus
légère et plus volumineuse.

• **Le pain de sucre**
Il est obtenu par l'évaporation
de l'excédent du jus d'un
sucre en cours de

cristallisation. Autrefois,
il servait à sucrer le thé
à la menthe des nomades.

• **Le sucre enveloppé**
Conditionné dans des
emballages papier, on
le trouve moulé avec un
ou plusieurs morceaux
ou bien encore en sachet-
dose. Il est utilisé pour les
boissons chaudes ou froides.

Le CEDUS, Centre d'Études
et de Documentation du Sucre,
publie régulièrement
des recettes de desserts.

Si vous désirez en savoir
plus sur le sucre ou obtenir
d'autres recettes.

• Ecrivez au :

Service Consommateurs Sucre,
Boite Postale 200,
75765 Paris Cedex 16

• Consultez votre minitel :

3615 LESUCRE

Aubin Imprimeur

LIGUGÉ, POITIERS

Achevé d'imprimer en mars 1998
N° d'édition H 285-01 / N° d'impression P 55738
Dépôt légal mars 1998 / Imprimé en France